Querida Dra. Polo 2

Querida Dra. Polo 2

Las cartas secretas de CASO CERRADO

AGUILAR

AGUILAR

Querida Dra. Polo 2: Las cartas secretas de Caso cerrado
© 2014, Dra. Ana María Polo

© De esta edición:
   2014, Santillana USA Publishing Company, Inc
   2023 N. W. 84th Ave.
   Doral, FL, 33122
   Teléfono: (305) 591-9522
   Fax: (305) 591-7473
   www.prisaediciones.com

Primera edición: Enero de 2014

ISBN: 978-1-61435-954-8

Fotografía de portada: Patricia Laylle
Diseño de cubierta: María Isabel Correa www.monichdesign.com

Impreso en el mes de Noviembre en los talleres de HCI Printing

PRISA EDICIONES

Índice

Indignación gay

Mi queridísima doctora Polo:

Usted no se imagina cuánto la admiramos en mi familia. Desde mi abuelita, pasando por mi madre y mis dos hermanas, y hasta Christopher, mi pareja, todos mis seres queridos sienten hacia usted un enorme cariño.

Su presencia en nuestros hogares cada tarde y en las noches nos ha ayudado mucho a sobreponernos de los problemas diarios. Viendo la manera en que resuelve los casos nos da aliento para resolver los problemas que tenemos en nuestras vidas, porque —como dice mi abuela— lo único que no tiene solución en esta vida es la muerte, que está tan segura de alcanzarnos que nos da una vida de ventaja.

Doctora Polo, es precisamente un asunto de vida o muerte lo que me ha llevado a escribirle estas letras. Mi nombre es Felipe Bermúdez, tengo 45 años y, aunque nací y me crié en el Bronx, me siento boricua de nacimiento. Mis padres, mis abuelos y el resto de mi familión son de la Isla del Encanto. Soy gay y actualmente estoy en una relación de casi veinte años con la persona que más quiero en este mundo, que es Christopher, mi compañero sentimental, mi media naranja; y es por el amor tan grande que siento por él que le pido su ayuda.

A Christopher lo conocí durante la celebración del año nuevo de 1992, cuando yo estaba visitando Los Ángeles. Por aquel entonces él estaba pasando por un momento bien difícil. Su pareja de cinco años había muerto hacía poco por el sida, y toda su familia le había dado la espalda desde que conocieron su inclinación sexual.

Bebía mucho, siempre estaba fiestando y usaba drogas, pero me di de cuenta desde el principio que bajo esa imagen de excesos y autodestrucción se escondía una bella persona.

A pesar de la mala vida que llevaba, Christopher mantenía a duras penas un negocio de decoración de interiores. Tenía algunos clientes, trabajaba muy poco, pero era muy bueno en su profesión, y le alcanzaba para vivir y darse el lujo de gastar dinero a su antojo. Otra de las razones por las que se portaba de una forma tan destructiva era que había sido abusado de nene por su papá. Esa experiencia terrible me la confesó una noche en que estuve a punto de tirar la toalla y dejarlo para siempre. Había llegado a las cuatro de la mañana, enchumbado de agua por la lluvia, dándose con los muebles de lo borracho que estaba, y cuando vio mis intenciones de irme, se me arrodilló y me suplicó que no lo abandonara porque entonces sí que su vida se acababa. Después, más calmado, se soltó a hablar, contando cómo su padre entraba de madrugada a su cuarto, lo cargaba en brazos y lo llevaba a su estudio, donde lo obligaba a tener sexo oral y le acariciaba sus partes, mientras le decía que aquello era normal, pero un secreto entre ambos. Lo que más le dolía fue que su papá, la misma persona que lo violó siendo un niño inocente, fue la primera persona que lo botó a golpes de su casa cuando se atrevió a decirle a toda la familia que era homosexual. Para colmo, hasta siendo un adolescente su papá lo abusaba física y verbalmente, llamándolo "maricón con flujo" y otros horrores que aquí no escribo porque me da hasta vergüenza y dolor repetirlos.

Poco a poco, a medida que me fue dejando entrar en su vida cuando nuestra relación fue tomando seriedad, él empezó a oír mis consejos y fue dejando los vicios hasta que aceptó visitar los Alcohólicos Anónimos. Cinco años más tarde, el Christopher que yo conocí se había transformado en un hombre sobrio, responsable, seguro de sí mismo.

En el año 1998 decidimos mudarnos a San Francisco para vivir más lejos de la familia de Christopher, ya que, a medida que el negocio de diseño de interiores prosperaba, sus padres y su hermana le pedían más y más dinero. Era algo que me enfogonaba un montón. Las mismas personas que lo habían botado como un perro de casa, ahora lo buscaban y lo dejaban entrar en sus vidas por el interés de los chavos. De nada servían mis quejas y peleas, porque Christopher tiene un corazón tan bueno, y tan demasiado débil, que es incapaz de negarle un favor a alguien, mucho menos a su familia de pillos.

Lo único que les impedía arruinarlo completamente eran mis constantes peleas, y que a veces tuve que esconder el dinero que recibíamos de los clientes. Como yo llevaba la contabilidad del negocio, manejaba los gastos y los ingresos y podía cambiar los números sin que él se diera cuenta.

Recuerdo una vez, cuando su hermana iba a casarse, su madre nos visitó en la oficina. La mujer, arrogante y arrastrándose como una serpiente, llorando lágrimas de cocodrilo, venía a pedirle cinco mil dólares para ayudar a costear los gastos de la boda porque no les alcanzaba el dinero. De nada sirvieron mis quejas. Sin pensarlo siquiera, Christopher tomó la libreta de cheques y le firmó uno por la suma que pedía la señora. De nada sirvió ese dinero, porque no había pasado un mes cuando nos enteramos que la boda se había cancelado porque los novios se habían dejado. Cuando le pregunté a mi pareja por el dinero, su respuesta fue que su hermana lo necesitaba ahora más que nunca, porque su prometido la había dejado hundida en deudas y sin ese dinero no saldría adelante. Para mí, como dice mi abuela, aquello era una gran estafa. Una sinvergüencería.

Pues así fue durante muchos años que vivimos juntos. Su familia de estafadores presente en nuestras vidas, y yo aguantando por el amor que sentía y siento por él.

Pero la situación cambió hace cinco años atrás. Un día, haciendo ejercicios en el gimnasio, a Christopher le dio un dolor bien fuerte en el pecho y tuvieron que llamar a los paramédicos. En el hospital le dijeron que había sufrido un principio de infarto, y que debía someterse a un tratamiento médico y cambiar su estilo de vida. Christopher les hizo caso a los médicos. Cambió drásticamente sus costumbres. Dejó el cigarrillo y el alcohol para siempre; conseguimos una cocinera de dieta balanceada y saludable. En vez de matarse en un gimnasio, empezó a caminar por el vecindario todas las tardes, y así mantuvo una condición física aceptable. Lo único positivo que nos trajo ese evento trágico fue que al fin, tras largos años de súplicas, él aceptó mudarse conmigo para mi querido Nueva York.

Durante meses, en aquel año 2006, me dediqué a buscar nuevos clientes por todos lados. Desde Nueva York hasta Pensilvania y pasando por Nueva Jersey, visité miles de negocios y casas particulares, mostrándoles nuestro catálogo de diseño para interiores. Gracias a mi esfuerzo, una vez que decidimos mudarnos y establecernos en Nueva York, pudimos contar con una buena clientela y casi no sufrimos el impacto económico. Desde ese momento vivimos y trabajamos en paz, lejos de la influencia de la familia de Christopher. No por eso dejaron de pedirle más chavos. Tampoco de maltratarlo, sobre todo su papá.

En cada visita que hacíamos durante Navidad o algún cumpleaños, su papá me trataba mal, y a Christopher, como a un perro sato. Lo humillaba todo el tiempo; y yo todavía no entiendo cómo una persona tan inteligente como él puede dirigirle la palabra a alguien tan miserable.

Miles de veces traté de convencerlo para que acusara a su padre de abuso infantil, o que en medio de una de esas reuniones familiares con todo el mundo, primos, nietos, sobrinos, pidiera la palabra y les contara a todos quién era de verdad el monstruo de su papá. Sólo Dios sabrá a cuantos niños su papá habrá abusado. Es algo que me desespera, pero nunca quise involucrarme en ese asunto por el amor que le siento a mi pareja.

Mas, sin embargo, ahora lo estoy haciendo porque creo que Christopher tiene los días contados; creo que en cualquier momento me van a llamar desde Los Ángeles para decirme que murió, y ni siquiera podré ir a su entierro.

Desde principios de este año 2011, la salud de Christopher empezó a empeorar. Y en febrero sufrió un infarto. Sobrevivió milagrosamente, pero según los médicos, lo único que lo puede salvar sería un trasplante de corazón, porque el suyo está a punto de expirar. A veces creo que una vida con tantos sufrimientos, humillaciones, disgustos y tristezas es lo que ha acabado con el pobre corazón de Christopher. Este año también decidimos al fin casarnos legalmente, en agosto, cuando aprobaron en Nueva York los matrimonios para parejas del mismo sexo. Yo lo hice por amor, pero la familia de Christopher me acusa de haberlo hecho por interés, y no sé cómo lo chantajearon para convencerlo de que se fuera a vivir con ellos otra vez a Los Ángeles.

Es cierto que los doctores le aconsejaron irse a pasar allá todo el invierno, pero ya desde principios de septiembre, un día volví de la oficina y me encontré una nota de él donde me decía de su decisión de irse a vivir con la familia lo que serían tal vez los últimos meses de su vida. En ese instante sentí un dolor tan fuerte, una tristeza tan grande. Me sentí traicionado. Me sentí el ser más estúpido del mundo. Tanto sacrificio por una persona amada, y en el momento más difícil de su vida, cuando crees que esa persona buscará en ti el apoyo y la compañía que tanto necesita, esa persona, el ser humano que más quieres, huye en busca de las personas que tanto abusaron de él: su familia. La misma familia que lo humilló y lo trató como un esclavo durante toda su vida. No puede haber nada más injusto.

Llevo quince días sin contestarle el teléfono. Christopher no deja de llamarme pero no tengo el valor de coger el teléfono porque sé que me va a pedir algo de lo que yo jamás sería capaz. Estoy seguro que me pedirá mudarme a Los Ángeles otra vez, para estar cerca de su familia en los últimos días de su vida. Pero no lo voy a hacer, doctora Polo. No puedo estar bajo el mismo techo con la persona que abusó sexualmente de mi pareja cuando era un nene. Me niego a compartir la misma mesa con el hombre que llama a mi compañero "maricón con flujo" delante de toda la familia y después se ríe como si esa humillación fuese lo más natural del mundo. A mí me criaron de otra forma. Quizá por eso, por el amor que de chiquito me dieron mi abuela, mi mamá y mis hermanas, no entiendo cómo un ser humano puede soportar tanta humillación en su vida.

La otra cuestión, doctora Polo, por la que le escribo es que, si Christopher fallece, todos mis sacrificios por nuestro negocio serían en vano, ya que él aparece como único dueño. Además, encerrado con aquellas bestias, estoy convencido que desde ahora están buscando la forma de quedarse con el negocio y con todas las propiedades de mi esposo. Es muy probable que lo convenzan de escribir un testamento en donde mi nombre no aparezca por ningún lado.

Y para serle sincero, me importa un comino los chavos de mi pareja. Por mí, se los pueden tragar. Pero me da tanta rabia e impotencia saber que, cuando Christopher muera, aquellos animales hereden lo que con tanto amor y sacrificio levantamos mi pareja y yo.

No quiero comportarme como ellos ni rebajarme al nivel de la alcantarilla, pero tampoco quiero quedarme de brazos cruzados y dejar que se queden con la memoria de Christopher y nuestro negocio.

¿Qué usted me recomienda?

Le mando un gran abrazo, y que Dios la bendiga.

Felipe Bermúdez

Estimado Felipe:

Gracias por tu confianza y por compartir tu historia con mi público. Al final, tus preocupaciones y dilemas le ocurren a cualquiera sin importar la orientación sexual.

Primero quiero decirte que me impresiona el tiempo que llevas con Christopher, pues las relaciones gay se generalizan como relaciones fugaces, pasajeras y vacías, incapaces de durar mucho tiempo. Creo que veinte años es mucho tiempo. También quiero felicitarlos, y en especial a Christopher, por haber logrado vencer su adicción al alcohol y las drogas; ese es un acto de verdadero valor y fuerza. Ahora veamos su relación.

Para un futuro, es importante que recuerdes que las circunstancias en que conocemos a nuestras parejas son reveladoras y presagiosas. A veces ignoramos los signos claros que nos da la vida porque nos cegamos "por amor" y terminamos con personas que no son capaces de darnos el lugar que merecemos.

Christopher fue abusado sexualmente por su padre y luego rechazado por su familia debido a su homosexualidad, y esos traumas no desaparecen SOLOS, tienes que buscar ayuda para superarlos. Pienso que se debieron haber tomado medidas para que él recibiera la terapia necesaria para superar el dolor y la marca que este abuso dejó en su vida, pues el tema de la familia de Christopher se convirtió en un factor destructivo en sus vidas.

Tú dices que Christopher tiene "un corazón tan bueno, y tan demasiado débil, que es incapaz de negarle un favor a alguien, mucho menos a su familia de pillos". La realidad es que él no tiene la capacidad para superar el dolor que estos ladrones y degenerados le causaron, y le siguen causando. Cuando Christopher decidió pasar sus últimos meses de vida al lado de su familia, ese momento culminante y de total desilusión es CLAVE. Demuestra, en mi opinión, que

Christopher y tú nunca vieron las cosas de la misma manera: mientras tú pensabas que tu relación se consolidaba y se fortalecía con amor y esfuerzo, él se debilitaba cada vez más ante las exigencias de su malvada familia.

Dices que no te importa su dinero. Decídete, ¿te duele o no? Perdona que sea tan cruel, pero a veces hace falta una voz neutral. Quizá los tribunales californianos respeten tu matrimonio de Nueva York y te den ciertos derechos hereditarios que tienen los casados, eso es algo que deberás explorar con un abogado del área. Ahora bien, creo que aún estás a tiempo de evitar que aquellas personas que no lo merecen, de acuerdo a tu criterio y al mío, reciban el fruto del trabajo de este MATRIMONIO. Luchar por eso, mi amigo, no es, como dices, "ponerte a nivel de la alcantarilla": es lo justo y necesario.

Debes conseguir que Christopher haga un acuerdo post-matrimonial. Ese acuerdo debe estar regido por las leyes de la jurisdicción donde se casaron y debe incluir documentos de transferencia de propiedades, como cuentas bancarias, carros, artículos del hogar, etc. El acuerdo post-matrimonial tiene que estar negociado y firmado mientras Christopher esté competente. De otra forma, la familia conflictiva puede usar el argumento de incompetencia mental si llegara a haber alguna demanda después de su muerte.

Te pregunto, ¿qué hiciste con el dinero escondido y los números que cambiabas? Conociendo a Christopher y su flojera, y tomando en cuenta tus valores y la confianza que tu pareja depositó en ti, imagino y espero que hayas guardado algo de dinero para sostenerlos durante los malos momentos.

Creo que es buen momento para que aceptes las llamadas de tu esposo y hagan planes de pasar un rato juntos y a solas. Debes recordar que el poder de hacer los cambios a las propiedades lo tiene ÚNICAMENTE Christopher. Hablen como la pareja que se esforzó para crear bienes materiales y vayan a un abogado, libre y voluntariamente, para firmar los documentos necesarios que reflejen esos deseos.

Si no consigues esto, tus recursos legales pueden ser complicados y dolorosos. En otras palabras, tendrás que litigar en contra de los monstruos que humillaron y abusaron a Christopher toda una vida y que, al final, CHRISTOPHER APOYÓ.

Mientras escribía esta respuesta, EL PRESIDENTE OBAMA Y EL VICE-PRESIDENTE BIDEN, HAN DECLARADO que apoyan los matrimonios entre homosexuales. Esta declaración es histórica y correcta, porque la lógica no permite que el prejuicio y la discriminación continúen formando parte de la justicia social.

Te ruego que actúes con rapidez y te deseo que tus últimos momentos con Christopher sean amorosos y llenos de compasión.

Un fuerte abrazo,

Dra. Ana María Polo

Por detrás solamente conmigo

Estimada doctora Polo:

He visto su programa y, como usted ayuda a las personas con sus consejos y su sabiduría, me dije que ahorita mismo le iba a escribir para contarle mi problema. Estoy muy necesitado de un buen consejo y ando totalmente desesperado. Ante todo, quiero que me perdone el atrevimiento, pero no tengo a dónde más acudir y sé que usted me comprenderá.

Doctora, yo soy nicaragüense. Llegué a este país hace algunos años porque en mi tierra se la están viendo muy fea con la vaina esa de la política. Aquí resolví mis papeles casi enseguida y me puse a trabajar en lo que saliera hasta que conseguí un pegue que me convenía y me daba lo suficiente para ir saliendo adelante. En poco tiempo me mudé a un apartamento bien decente, adonde siempre llevaba a los culi... para no recibir la mañana solitario. Pero era sólo eso, doctora: cog.. por cog.. Me perdona la palabra, pero era así. Nada de amor, nada de cariño, y la mayor parte de las pisad.. eran pagadas, así que por las mañanas: te fuiste triste y ni adiós dijiste. Ese tipo de vida, doctora, no se puede llevar por mucho tiempo porque por muy macho que uno sea y muy dispuesto al trabajo que uno esté, siempre necesita de unas manos que le preparen la comidita y el cafecito, especialmente después de un buen bacanal como los que yo me pegaba todas las noches. Quizás por esa necesidad que le cuento es que uno encuentra cosas sin buscarlas y a lo mejor fue lo que me pasó con ella. ¿Cómo la conocí, doctora? No me acuerdo o, mejor dicho, no quiero acordarme porque se me parte el corazón y eso no es bueno cuando estoy tratando de contarle mis problemas. El caso fue que de repente me vi en un bar tomándome unas bichas bien frías con ella, y ahí nomasito ya andábamos por mi apartamento gozando como un par de enculad. Eso sí no se me puedo olvidar, porque yo pensé que era como una de las tantas que me dejaban solo al día siguiente pero esta fue distinta, doctora. Por lo menos en ese momento, ni hablar de riales porque se ofendía. Me dijo que era una mujer muy decente, que trabajaba como manicurista arreglándole las uñas de las manos a sus clientas, y que también estaba tan sola como yo. Ella también era de mi tierra, Nicaragua, y nomás tengo que decirle que esa mañana me fui para el pegue con ella metida dentro de la cabeza. Y en la tarde, cuando volví cansado, no me fui para los bares como otras veces porque yo le había dicho que me esperara en mi apartamento, y allí estaba. No tuve que preocuparme por la comida porque ella me había hecho unos frijolitos y tenía mis bichitas frías esperándome en la refri. De manera que comimos, bebimos y cogi... hasta el día siguiente. Así estuvimos un tiempo; creo que fueron como seis o siete días. Ella dormía un día en mi casa, otro se iba supuestamente para la suya, hasta que yo le propuse que viviéramos juntos en mi apartamento; total, los dos teníamos buen billete y no nos iba a faltar nada. Con dos o tres peros, ella aceptó y se fue a vivir conmigo, pero a los pocos días me dijo que los riales se le estaban acabando porque no atendía su negocio de arreglar uñas. Bueno, ponete a trabajar, pues, fue lo que le dije porque ella me insistía. De verdad, doctora, que por mi parte yo la hubiera mantenido, pero ella me decía que con su trabajo ella podía conseguir buena plata y eso no le viene mal a nadie. Así pues que, como ya le conté, yo le dije que sí, que empezara a atender a sus clientas. Pero resulta que su trabajo era de noche. Yo nunca había visto eso, doctora, que la gente se pinte las uñas cuando lo que deben hacer es irse a dormir. Pero pensé que tenía razón, hasta cierto punto, porque ella siempre me decía que sus clientas trabajaban por el día; y la verdad es que el billete le entraba fuerte. Pero esa no fue la razón por la que yo quise creerle, sino porque me había enamorado de ella. Así que empezamos a vivir esa extraña vida de cog.. por las tardes y las mañanas, hasta que un día un amigo me contó una verdad que yo no quería creer. Para convencerme, la seguí por la noche cuando me dijo que iba a casa de una clienta a arreglarle las uñas. Pero no había tal, doctora: ella se metió en un motel con un tipo. ¡Que mier..! Entonces, así, de repente la verdad me cayó como un balde de agua fría. Mi mujer, doctora, esa que yo quería tanto, la que me sacó de mi soledad, con la que yo quería compartir mi vida en este país, no era más que una zo.... ¿Usted sabe lo que quiere decir eso en mi tierra? Que mi mujer era una pu.., doctora. Así, con todas sus letras y sin esconderle nada. Ella no pintaba uñas de noche, sino que cog.. para ganarse el billete. Por eso siempre cargaba plata encima. Me encachi..., más porque hacía unos días yo había encontrado una libreta con su letra y pensé que era para anotar ahí las citas de sus clientes, pero como estaba viendo la babosada con mis propios ojos, me puse a leer bien la libretita y en efecto, doctora, era una guía de clientes, pero de los que yo me imaginaba. En medio de sus babosadas, esa mujer escribía cómo era que le gustaba culea... a cada uno de los cabro... con que se revolcaba. Que si a este le gustaba nada más que se la chuparan, que si al otro le encantaba que le metieran el dedo en el anispray y que después se lo dieran a lamer, que si al fulano lo que le encantaba era venirse en la cara de ella, etcétera. Al lado de cada nombre estaba la tarifa que ella cobraba por hacer todos sus degeneres. Quemé la libreta, doctora, y me sentí mejor porque era como si al hacerlo me estuviera vengando de todos aquellos cabro... que podían tenerla cuando yo no estaba.

Yo no soy ningún pende..., pero tengo que decirle que me aguanté mucho y me fui a la casa para esperarla. Yo no sé si hice bien o mal, pero cuando llegó no le reclamé nada, solamente le dije lo que ya sabía y ella no me lo negó. Ni tan siquiera me preguntó por la condenada libreta. Solamente me miró con ojos de borrego y me dijo que así se ganaba la vida. ¿Cuántos hombres por noche, doctora, cuántos? No quise preguntarle; y le confieso ahora, como macho, que no lo hice porque no tenía el valor de perderla. Pero algo se me rompió por dentro, sólo que en ese momento yo no lo sabía. Ella me acariciaba y era como si me estuviera quemando, y no precisamente de calentura sino de vergüenza.

Púchica, doctora, los hombres de verdad no pueden llorar sus recuerdos, por eso le pido a usted y a Dios que me perdonen ahora porque los ojos se me empañan cuando pienso cómo la disculpé y pretendí olvidarme de lo que había pasado aquella noche. Estábamos en la cama y ella me acariciaba y yo no sé por qué me la pren... Entonces me hizo una promesa. No sé bien cómo decirlo, así que se lo diré claro y pelado. Ella me dijo que el de adelante lo compartiría por dinero, pero que el de atrás siempre sería mío. Fue una barrabasada lo que me dijo, pero yo quise pensar que fue más que un elogio, una solución al problema. Entonces me la volví a pren... buscando cogé....., pero nada: la ver.. no se me paraba para nada. No había manera: aquello era como un gusano muerto. Ella se hizo la babosa y me dijo que no había hombre que se le resistiera y que me iba a decir lo que hacía de noche. Empezó a contarme su encuentro con el último cliente: que el tipo parecía un pende.. al principio, pero que en su intimidad el hombre andaba como encachim...., que le arrancó el sostén y le mordía los pezones al mismo tiempo que le zampaba la yu.., y ella gritaba no porque le gustara, sino para que el cliente se templa.. más. En ese momento se me levantó la tur.. como si yo no supiera nada de lo que había pasado, y me la co.. como antes. A partir de ahí, doctora, no pudimos tener sexo más nunca si ella no me contaba lo que hacía con sus clientes. Hay quienes dicen que fue una adicción. Yo creo que no, porque fue una aberración por la que, al principio, me dejé llevar, y quise pensar que me gustaba cuando en realidad yo lo que estaba haciendo era un pacto con el diablo. Que Dios me perdone de nuevo por decirlo, pero así es como lo siento. Yo la quería y la necesitaba, y después de un desengaño hace falta un poco de esperanza. Y eso fue lo que yo creí encontrar en sus relatos, porque ella me hacía creer que yo la hacía sentir lo que los otros hombres nunca podían lograr. Además, yo tenía en ese cuerpo mi lugar particular. Se hizo un hábito, doctora. Para yo tener relaciones con ella, tenía que contarme cuando los clientes le acariciaban su cuerpo desnudo, cómo recibía dentro de ella las tur... de los otros tipos a punto de reventar de lo paradas que estaban y cómo movía sus caderas mientras les miraba la cara para ver cuándo sus ojos se ponían casi en blanco en el momento en que se venían adentro de ella. Muchas veces vomité después de cogé.....porque se me revolvía la panza cuando pensaba en lo que estaba pasando. Fue por entonces cuando la preñé, y a los nueve meses llegó la niña. Yo creí que las cosas iban a cambiar, pero no fue así porque la vaina fue más complicada.

Ella nunca quiso a la chiquita. La chavala es gringa, porque nació aquí, y los papeles son importantes, doctora. Sobre todo para ella, que después de tanto tiempo sigue siendo una indocumentada. De verdad que esa niña fue como una transfusión de sangre nueva a mi vida, y empecé a criarla con la esperanza do quo tuviera una familia como Dios manda. Pero el diablo no me dejaba tranquilo. Ella, después de un tiempo, soltó la pe... otra vez y volvió a hacer su trabajo de prostituta y yo me convertí en una china porque tenía que cuidar a la chavala, que no tenía culpa de nada. Ella volvía a la casa cuando ya la niña estaba dormida y ni tan siquiera pasaba por su cuarto para darle un beso.

Dice que estaba muy cansada, pero se acostaba a mi lado y volvía a contarme las chanchadas que hacía con sus clientes. Cualquiera podría pensar que yo soy un degenerado, pero yo sé que usted no lo cree así, doctora, porque a usted le gusta que le digan las cosas a calzón quitado, como también las cuenta usted en su programa. Por eso le digo la verdad, porque llegó el momento en que me estaba pudriendo en vida y mantenía una relación diabólica donde ya los cuentos y las anécdotas de ella con sus clientes ni me entusiasmaban ni me calentaban ni mucho menos me la paraban. No tenía ni deseos de cogé....., y cuando ella me pedía a gritos que lo hiciera, tenía que fingir que me venía porque, aunque me fumara un churro, ya con sus habladeras no me calentaba.

Doctora, definitivamente ella no quiere a la niña. Hace dos años que estoy tratando por todos los medios de mantener esta familia, pero ya es imposible. No puedo más. Renuncio a ese pacto diabólico en el que no debí haber entrado nunca. Yo podía fingir que ignoraba lo que estaba pasando, intentar una vez más que la tur.. se me parara con sus cuentos, pero no podría perdonarle lo que hizo la última vez y que fue la gota que derramó la copa. Una tarde yo llegué a la casa más temprano que de costumbre y me la encontré cañambuca en mi cama con otro hombre, que se la estaba cogie... por detrás. Sí, doctora, por esa parte de su cuerpo que ella me había prometido que era solamente para mí. Después me confesó que lo venía haciendo con él hacía más de seis meses. Pero lo peor de todo es que la chavalita estaba durmiendo en el cuarto de al lado. Doctora, y si esa criatura se despierta, ¿qué hubiera pensado de su madre?

Ella se llevó a la niña de la casa. Ahí se armó el desturque. Me gritó un montón de babosadas. Que si yo la peleaba, ella la iba a pelear también porque era su hija. Como ya le dije, ella no quiere a la niña. Solamente quiere pelearla porque piensa que, como la chavalita es americana, eso le va a resolver su residencia. Ahora se aburrió y me la regresó a la casa. Dice que la va a venir a ver solamente los domingos, pero yo quiero tenerla todo el tiempo conmigo porque no puedo ni pensar en el mal ejemplo que le daría su madre.

Doctora, aconséjeme, ¿qué debo hacer? Esa mujer puede llevarse a mi hija para Nicaragua cuando vea que no va a resolver sus papeles, y entonces sí que no podré aliviarme nunca del dolor de no tenerla. Esa niña lo es todo para mí. Fue la que le devolvió el sentido a mi vida, y no puedo ni pensar que esas manitas que me abrazan puedan dejar de hacerlo porque la jodi.. esa se la llevó a Nicaragua o quién sabe a dónde. Por favor, doctora, yo sé que usted me puede ayudar, y su respuesta quizás sea el único consuelo que me queda para olvidar esa terrible pesadilla que estoy viviendo ahora.

Discúlpeme la sinceridad con que le he contado mis problemas, pero estoy convencido de que usted me comprende.

Siempre a sus órdenes,

Un padre desesperado

CALMA, Padre Desesperado. Eres un grosero normal y corriente, pero eres real y verdadero en tu forma de expresarte. Lo fundamental de tu caso es que eres consciente de que tu hija es el ser más importante y que debes protegerla y ver por sus intereses.

Legalmente, puedes ganar lo que quieres: la custodia de tu hija. ¿Sabes por qué? La respuesta es simple: porque tu mujer es más PU.. que madre o esposa. Ahora, analicemos tu caso.

El primer indicio de que quizá ni siquiera tengas que litigar el caso, o sea pelearlo en corte, es que tu mujer devolvió a la niña después de habérsela llevado, porque "se aburrió". No me dices si ha venido a verla los domingos, como exigió, pero de acuerdo al patrón de comportamiento previamente exhibido, me parece que no vendrá muchos domingos, porque al final, NO LE IMPORTA su hija. El que te la haya devuelto es muy importante, porque como decimos los abogados, POSESIÓN ES TRES CUARTAS PARTES DE LA LEY.

Ahora bien, si decides pelear la custodia en un tribunal del lugar donde viven, debes prepararte, y te informo de entrada QUE QUEMASTE UNA BUENA PRUEBA. ¿Por qué diantre destruiste la EVIDENCIA? He dicho un millón de veces en *Caso cerrado* que sin evidencia es muy difícil probar el caso. Esa libreta, escrita del puño y letra de tu mujer, era una prueba que podía haberte ayudado a demostrar que ella no es apta para tener la custodia de la niña.

Sin embargo, no todo está perdido. Aquí lo que importa es que la criatura esté bien cuidada, que sepas quién es el médico de la niña, quién la cuida cuando trabajas, que esté limpia, alimentada, saludable y bien atendida. Que nadie la abuse o maltrate. Es importante que la niña tenga su cuartito bien lindo y limpiecito, con sus cositas en orden.

Si este caso se litiga, el juez designará a un *"guardián ad litem"* (un abogado guardián), que hará un estudio de quién es el mejor padre para tener la custodia de la niña. Sus recomendaciones serán consideradas por el tribunal para hacer la determinación final.

Busca a un abogado con más de diez años de experiencia en el área de familia que practique en el lugar donde viven y consúltale qué más debes hacer, de acuerdo a las leyes y las particularidades de los jueces de esa área, para prepararte.

Cuando estés listo, tendrás que presentar el divorcio para establecer la custodia. El que la niña esté viviendo contigo te favorece. Los jueces tienden a mirar lo establecido para ver si hay que cambiarlo. Si todo parece estar bien, mantienen el *status quo* (dejan las cosas como están en ese momento). Recalco que, al igual que tú, pienso que a ELLA no le importa la niña y no luchará por ella.

La moraleja de esta historia la tienes que aprender TÚ y aplicarla en tu vida diaria. NO SE HACEN PACTOS CON EL DIABLO. Quién sabe qué fue peor: descubrir que tu esposa es prostituta (descaradísima, por cierto) y que te mintió diciendo que era manicurista, o el haberla perdonado y volver con ella bajo aquellas depravadas condiciones que queman al alma, corazón y espíritu. Tu dignidad terminó herida y pisoteada; pero la dignidad se recupera con un buen comportamiento, constante y sonante. Es eso LO QUE REALMENTE IMPORTA.

Buena suerte y un beso a la niña.

Dra. Ana María Polo

Amor de preso

Doctora Polo:

Escribo esta carta debido a la penosa situación en la que me encuentro. No acostumbro ventilar mis asuntos personales en público, pero a usted la considero como parte de mi familia. Usted es como la madre para un hijo en problemas, o la tía que aconseja al sobrino en una situación difícil: ambas te regañan porque te quieren, pero después te ayudan. Por eso he decidido escribirle. Llevo semanas rezando, pidiéndole a Nuestro Señor Jesucristo que ilumine mi alma y me ayude a encontrar el camino correcto, pero sólo encuentro dudas que me angustian cada día más. Estoy consciente que usted, doctora Polo, no es un ser todopoderoso. Sin embargo, considero que es un ser humano con mucha sabiduría y estoy segura que hallará un momento para leer estas líneas y enviarme un consejo provechoso. Soy muy reservada y no me atrevería a ir a su programa.

Soy una mujer profesional, educada, de 45 años, casada con un convicto. Estudié Trabajo Social en la Universidad de California y desde hace veinte años me dedico a ayudar a personas necesitadas en una organización cristiana sin fines de lucro. Mi labor consiste en asistir a familias pobres en busca de casa y comida, sobre todo asilados políticos que huyen de sus países por guerras civiles y dictaduras. También asistimos a exconvictos que salen de prisión e intentan reintegrarse a la sociedad y a reclusos sin familiares ni amigos que se convierten a la fe cristiana. A estos convictos, muchos de ellos condenados a largas penas de cárcel, los visitamos regularmente. Les damos apoyo emocional y los ayudamos a encontrar el camino del Señor.

Doctora Polo, gracias al contacto con varios reclusos, empecé a sentir la paz espiritual que nunca encontré en mi vida privada. Aunque no me considero una mujer fea, no he tenido suerte con los hombres. Mi primer novio, Ricardo, era un muchacho de mi urbanización. Íbamos juntos a la escuela, e inclusive cogimos la misma clase en la escuela superior. Él prometió casarse conmigo en cuanto termináramos la universidad, y quizás por eso, a pesar de mis dudas, le di mi virginidad sin haberme casado. Sin embargo, durante esa época de estudiantes me engañó en numerosas ocasiones con otras muchachas. Yo siempre me hice la loca, pues Ricardo era un muchacho muy atractivo y me explicaba que la época estudiantil es la época para experimentar sexualmente. Ninguna de esas mujeres significaba nada para él. Según Ricardo, yo era el amor de su vida. Pero un buen día decidió dejarme, alegando que yo era fría en la cama, que conmigo se sentía insatisfecho. Cogió sus cosas del apartamento en el que vivíamos y salió de mi vida para siempre.

Caí en una gran depresión. Solamente los estudios y mi sueño de graduarme me mantuvieron a flote. Empecé a dejarme. No me importaba verme bonita ni arreglada. Empecé a engordar y me volví obesa: la típica gorda que sólo sirve para ser motivo de burlas y chistes. Por supuesto, los hombres ni se fijaban en mí. Mis únicas experiencias sexuales en aquellos años fueron con un hombre mucho mayor que yo. Se llamaba William y administraba el edificio donde yo vivía. William tenía 50 años, era divorciado y me ayudaba con la compra o con cualquier problema en el apartamento. Una noche, como a eso de las dos de la mañana, mi aire acondicionado dejó de funcionar. Medio dormida y frustrada por el calor, llamé a William sin darme cuenta de que mi pijama enseñaba más de lo que tapaba. Luego me contó que a través de la tela blanca se me marcaban los senos y los vellos del pubis y que por eso no pudo quitarme los ojos de encima, y antes que de que yo pudiera darme cuenta de lo que estaba pasando, me estaba besando los senos y acariciándome allá abajo con su mano. A partir de aquella noche nos convertimos en amantes secretos. La relación duró unos cinco años, hasta que me reencontré con mi fe cristiana.

Yo le exigí a William que nos casáramos. No quería seguir con esa relación pecaminosa. Me sentía sucia cada noche cuando él entraba a mi cuarto desesperado, y yo le abría las piernas, más desesperada que él; y mientras él me penetraba, yo vociferaba las palabrotas más asquerosas que jamás escuché en mi vida. No quería seguir actuando como una blasfema cualquiera, y cuando él se negó a hacer de mí una mujer honesta, lo dejé.

Empecé a visitar la cárcel de máxima seguridad de San Quintín, donde tuve contacto con presos condenados a la pena de muerte. Mi primer contacto fue con Alberto, quien estaba condenado a muerte por la violación y el asesinato de una pareja de adolescentes. Desde el primer momento sentí una conexión especial con Alberto. Para todos era una bestia, pero conmigo se mostraba como el hombre más dulce, amable y cariñoso que jamás conocí en mi vida. Alberto no tenía contacto con el exterior. Su única familia era una hermana, que dejó de visitarlo para siempre. Alberto tenía esperanza de salir absuelto por la corte de apelaciones. Las pruebas en su contra eran circunstanciales, pero yo estaba segura de que sería electrocutado porque había confesado sus crímenes. Nos escribimos durante dos años y lo visité muchas veces. En una de esas visitas, Alberto me pidió un último deseo: casarse conmigo.

Usted pensará, doctora Polo, ¿qué sentido tiene casarse con un hombre que está a punto de morir? Pero no se imagina la felicidad, la esperanza que eso significa para ellos. Bendito, es que dejar este valle de lágrimas sin sentirse amado por alguien, aunque sea una sola persona, es bien triste. Es como volver a las tinieblas de donde nacimos, pero odiado y rechazado por el prójimo. Por eso acepté casarme con Alberto. Un mes más tarde estuve con él cuando disfrutó su última cena, cuando le afeitaron la cabeza y las cejas y cuando lo ejecutaron: la cosa más brutal y sanguinaria que jamás he visto en mi vida. Gracias a Dios hoy en día utilizan la inyección letal, que es menos dolorosa.

Después de morir Alberto, pasé por un período de angustia. Solamente el contacto con otro preso en el pabellón de la muerte me sacó de la depresión. Se llamaba Ramiro y estaba condenado por matar a tres personas durante un robo. Cuando cometió el asesinato estaba bajo la influencia de las drogas, y siempre se arrepintió del crimen. No obstante, lo condenaron a morir. Encontró el camino del bien. Se convirtió en un cristiano ejemplar, y yo le ofrecí mi alma en matrimonio. Tuvimos una larga relación. Nos escribimos semanalmente. Debo confesar que me enamoré de Ramiro, y muchas madrugadas soñé que hacíamos el amor en mi cuarto. Esperaba ansiosa cada visita. Algunas compañeras de mi trabajo empezaron a sacarme el cuerpo. Me decían que yo no estaba bien de la cabeza, que me había enviciado con los asesinos condenados a muerte. Pero a mí nada me importaba. Así que cuando mataron a Ramiro, meses más tarde decidí casarme con Andrés.

Andrés fue condenado a muerte por violar y matar a su sobrina. Siempre dijo que era inocente, pero dos testigos presenciales lo ubicaron en el lugar de los hechos. Andrés me juró que era inocente, que el verdadero asesino fue un plomero que trabajaba en la casa, pero que el tipo había desaparecido. Faltando un mes para la fecha de su ejecución, las pruebas de ADN lo absolvieron del crimen. Ahora Andrés es un hombre inocente, y ya mismo va a salir de la cárcel.

He ahí el problema, doctora. Yo no quiero vivir con Andrés. Tengo miedo a convivir con un hombre, más todavía si es un expresidiario. Mi relación siempre ha sido de lejos. No me atrevo a pedirle el divorcio. No quiero herir sus sentimientos, pero estoy segura que usted, con su inmensa sabiduría, es capaz de concederme la petición de divorcio, y a la vez aconsejarme sobre cómo discutir el tema del divorcio con Andrés. Me da miedo que se ponga violento y cometa una locura que lo devuelva a la cárcel.

Espero su respuesta, y que el Señor la bendiga.

Beatriz Zamora

Estimada Beatriz:

Te advierto de entrada que no estoy segura si estás competente o no para comprender lo que te voy a decir. Por un lado, cuando te describes como "una mujer profesional, educada, de 45 años" parece ser que no te das cuenta de que tienes graves problemas de autoestima (pero ninguna dificultad en torcer los valores para acomodar tu inseguridad). Por otra parte, sí eres capaz de entender que tu matrimonio con estos reclusos funciona precisamente porque están recluidos. Tú misma confiesas, *"Tengo miedo a convivir con un hombre, más todavía si es un expresidiario. Mi relación siempre ha sido de lejos"*. QUÉ TERGIVERSADA ERES. Con Andrés, el único hombre que ha sido exonerado, el inocente de acuerdo a las pruebas y a las leyes, CON ESE NO QUIERES ESTAR. Tu concepto del matrimonio es muy interesante, especialmente tomando en consideración que dices ser cristiana. Estoy segura que los CRISTIANOS que lean esta carta pegarán el grito en el cielo cuando lean que TÚ encontraste la "paz espiritual" gracias al contacto con varios reclusos que están condenados por los peores crímenes en contra del ser humano. SINCERAMENTE, Beatriz, creo que tus compañeros no se equivocan cuando dicen que estás mal de la cabeza.

Estas relaciones tal vez te hicieron encontrar un propósito, te ayudaron a sentir que eras una persona importante con la capacidad de transformar a un asesino en un hombre de buen corazón, capaz de amar al prójimo. Tal vez sólo hicieron interesante tu vida. Quizá, para ti, la idea errónea de un romance prohibido era mantener este tipo de amoríos con tipos peligrosos y eso te hacía sentir diferente.

Quiero decirte que no estás sola. Casi todos los asesinos en serie famosos se han casado o han recibido propuestas de matrimonio estando tras las rejas. Ted Bundy o Richard Ramírez, por ejemplo, tenían admiradoras y mantuvieron relaciones amorosas con mujeres hasta que fueron ejecutados. Pero el que tu caso no sea tan inusual como pudiera parecer a simple vista no lo hace menos macabro.

Es difícil comprender que hombres que han cometido los crímenes más horrendos, verdaderos monstruos sin un ápice de conciencia o remordimiento, tengan la capacidad de generar atracción hacia las mujeres. Por si eso fuera poco, en Estados Unidos, hay organizaciones y grupos en contra de la pena de muerte que se dedican a promover este tipo de relaciones. Inclusive utilizan las redes sociales para que los reclusos contacten a mujeres en el exterior. Lo que esas organizaciones no les dicen a las mujeres, es que un hombre encerrado en prisión, quizá de por vida, es capaz de decir o escribir cualquier cosa con tal de mantener a una mujer "enganchada" en esa relación, y hasta son capaces de aceptar cualquier religión o a la secta más loca para tener contacto con el mundo exterior. Algunos son tan hábiles que llegan a dar la imagen de que han cambiado sus vidas.

Respondiendo tus preguntas, NO puedo conceder tu divorcio porque *Caso cerrado* es un programa de mediación o arbitraje con poder de decisión. El poder de decisión me lo otorgan los litigantes firmando un contrato de arbitraje donde se comprometen a cumplir con las decisiones del arbitro. Esto significa que ambas partes deben de estar de acuerdo con el proceso participando libre y voluntariamente. Para eso, ambas partes tienen que estar informadas; es decir, TIENES QUE HABLAR CON ANDRÉS o emplear a un abogado que te represente en el proceso. Me preocupa mucho la reacción de Andrés ante una eventual petición tuya de divorcio. Es muy probable que al haber sido encontrado inocente, Andrés se haya hecho grandes ilusiones de recomenzar a tu lado una nueva vida fuera de la cárcel, sin darse cuenta que tú vives en una prisión mental.

Pensándolo bien, no creo que Andrés reaccione con violencia. Al final, dudo que un hombre inocente que estuvo a punto de ser ejecutado por un crimen que no cometió quiera volver a prisión. Pero la decisión es tuya. De cualquier modo, tu divorcio no debe ser complicado puesto que no hay hijos ni propiedades.

Creo que debes de tomar la oportunidad de este singular momento en tu vida para enfrentar a tu peor enemigo: TÚ.

Te deseo muy buena suerte.

Dra. Ana María Polo

Por la residencia

Estimada doctora Polo:

Aprovecho un momento que estoy sola en mi casa y mi marido se fue a trabajar para escribirle esta carta. Tal vez le cause repulsión o disgusto, pero quiero dejar bien claro que todo lo que hago es por el bien de mi hijo. Y si a usted le parece una locura, le pido que me aconseje ¿Cómo hago para que mi hijo y yo vivamos felices?

Le cuento para que entienda mi situación. No puedo salir a la calle ni tengo cómo llamar por teléfono. Vivo encerrada en este cuarto todo el día, trancada junto a mi hijo de doce años. No puedo salir hasta las cinco o seis de la tarde, cuando Roberto, mi marido, llega de la calle: entonces quita los candados de la puerta y podemos salir a cocinar y a ver la televisión. A veces tengo oportunidad de ver su programa, antes que mi esposo cambie el canal y empiece a ver algún juego de pelota. Hay noches en que me deja salir un rato al patio, que está rodeado de una verja muy alta, pero por un hoyito he podido ver la calle, la gente, los carros que pasan y, lo más importante, un buzón de correo. En ese buzón pienso echar esta carta que le estoy escribiendo. Ayer en la tarde pude robarle a mi marido un sello de correos, porque los guarda bajo llave en un mueble. Si la carta llega a sus manos, quiere decir que Dios oyó mis oraciones. Le ruego que me ayude.

He pensado en escaparme, pero soy ilegal en este país. Si me deportan, tanto mi hijo como la criatura que llevo en mis entrañas, no tendrán futuro ninguno. Esa criatura es fruto de una relación incestuosa entre mi hijo de doce años y yo. Parece increíble, pero es la dura realidad.

Salí huyendo hace tres años de República Dominicana. He sufrido mucho, doctora Polo. Me escapé de mi primer marido, trayéndome a mi hijo conmigo, porque no soportaba más sus abusos, las golpizas que me daba.

Conocí a mi actual marido en una pulpería de mi barrio. Él estaba visitando a su familia, y desde el primer día que me vio, empezó a seducirme. No le importaba que yo fuera una mujer casada. Aunque me lleva 25 años —yo tengo 29 y él 54— y nunca me gustó como hombre porque es un poco obeso y medio calvo, en él vi la oportunidad de escapar de mi esposo, irme para los Estados Unidos y encontrar un futuro mejor para mí y para mi hijo.

Cuando le dije a mi primer marido que lo iba a dejar porque me iba con otro hombre, agarró un jarrón y me lo desmigajó en la cabeza. Después me puso un cuchillo en el cuello. Yo empecé a rezarle a Dios. Pensé que iba a degollarme como degollaba a las gallinas. Menos mal que en eso entró mi hijo y comenzó a gritar. Si no hubiera sido por él, estaría muerta. Se llamaba Virgilio. Era un animal con ropa, pero comparado con mi actual marido, me hubiera quedado con él. Usted se va a preguntar ¿cómo es posible que extrañe a un tipo que me abusaba, a un tipo que casi me acribilla? Pues usted ni se imagina las cosas horribles que me ha hecho hacer Roberto, mi esposo actual.

Como le iba diciendo, llegué hace tres años a los Estados Unidos. Mi esposo me trajo con visa de prometida, y conmigo me traje a mi hijo de 9 años. Roberto es un mecánico de carros, o eso al menos me dice. Yo le creo porque siempre anda vestido de overol, lleno de grasa. Al llegar aquí descubrí que vivía solo, en una casa "curtía", y hasta hace pocos meses vivía con su mamá que murió de ochenta años de edad. La vieja estaba muerta, pero es como si aún estuviera viva, porque por todas las paredes de la casa había guindadas fotos de ella. Inclusive el cuarto de la señora estaba arreglado y amueblado como el día que murió. No se imagina, doctora Polo, el terror que sentí los primeros días. Sobre todo en las madrugadas. Me parecía escuchar voces, rumores, y yo pensaba que era el alma de la difunta, y me apretujaba con mi hijo temblando de miedo. Con el tiempo descubrí que era Roberto, que cuando duerme habla solo, y hasta a veces es sonámbulo.

Una noche le dije a Roberto que no podía dormir y me dio de beber un líquido que sabía a jarabe, y entonces por primera vez me desnudó y empezó a acariciarme las te... y a meterme sus dedos en el to.. y en el cu... Sentí mucho placer mezclado con algo de dolor. Hacía mucho tiempo que no tenía sexo. También el jarabe hacía su efecto. Cerré los ojos y me entregué al placer, esperando a que Roberto se excitara para que me metiera su güe... Creo que me quedé dormida, o no sé qué efecto me había hecho la medicina. Sólo recuerdo que sentí los labios de Roberto chupándome la cu.., con su lengua mojada, y cuando abrí los ojos y miré hacia abajo, vi que el que estaba haciéndome sexo oral era mi hijo de nueve años. A su lado, masturbándose, estaba Roberto.

Quise levantarme y detener aquella perversidad, pero mi cuerpo no me respondía. Quise gritar bien alto, pero las palabras no me salían de la boca. Me acuerdo que empecé a llorar en silencio, pero tampoco las lágrimas me salían.

Después sentí que me penetraban. No quise bajar la mirada porque sabía que se trataba de mi hijo. En ese momento no supe cómo logró tener una erección, y al día siguiente mi niño me dijo que Roberto le había dado una pastilla azul. Mientras mi hijo me hacía el amor, o trataba de hacerlo, yo misma abrí más las piernas para que lograra hacerlo mejor. Con mis propias piernas empujé sus nalgas, y lo guié hacia atrás y hacia delante, porque el pobrecito no sabía. Sentía una enorme vergüenza, un dolor punzante en el pecho, y ganas de matar a mi marido. Pero lo que más sentí fue una gran vergüenza, porque mientras mi hijo me penetraba, yo estaba gozando aquella perversidad.

Al día siguiente, al levantarme, pensé que todo había sido una pesadilla. Corrí al baño a ducharme, y respiré aliviada. Mi esposo, Roberto, no estaba en casa. Había dejado una nota en la nevera. En ella me decía que era domingo, y que había ido a la iglesia. Busqué a mi hijo por todas partes y no aparecía. Estaba a punto de volverme loca, cuando sentí un ruido bajo la cama de la difunta y al agacharme, lo descubrí llorando allí, acostado boca abajo. No podía sacarlo de debajo de la cama. No quería hablarme y evitaba mirarme a la cara. Yo necesitaba saber si lo que había pasado era cosa de una pesadilla o de la realidad, pero no encontraba manera de saberlo. Hasta que al fin le pregunté: "¿Roberto te dio algo raro de beber anoche?". Y mi hijo respondió: "Me dijo que me tomara una medicina". En ese momento, doctora Polo, me di cuenta que todo había sido real. Que yo había tenido sexo con mi propio hijo de nueve años.

Esa noche, cuando Roberto regresó de la iglesia, lo amenacé con llamar a la policía. Él me trajo un teléfono. Me lo puso en las manos y me dijo: "Llama de una vez. A mí me van a meter preso unas horas y un abogado me suelta. Pero a ti y a tu hijo los van a llevar para Inmigración, y al otro día vas a amanecer en ese pueblo asqueroso del que te saqué, con ese marido borracho y abusador". Le di un estrallón al teléfono contra el piso y me encerré en el cuarto con mi hijo. En la madrugada Roberto entró al cuarto y me llamó a la sala. Se puso a llorar. Me dijo que él tenía problemas, que se estaba atendiendo con un psicólogo y me prometió que lo que había sucedido anoche no volvería a pasar. Yo era tan estúpida, doctora Polo, que creí en lo que me dijo. Inclusive lo abracé, porque sentí mucha lástima por él. Me pidió que no saliera de la casa para nada, hasta que yo no tuviera los papeles, porque si me cogía la policía sin papeles me iban a devolver.

Desde entonces mi esposo no me deja salir sola a la calle. Ni a mí ni a mi hijo. Él se encarga de ir al súper, de comprar la comida, todo lo que necesitamos. Las pocas veces que he salido, fueron las veces que hicimos los papeles para casarnos y después las visitas a Inmigración. Casi no conozco nada de la vida aquí, y mi hijo tampoco ha podido ir a la escuela. Al menos lo obligo a leer los libros que hay en la biblioteca de Roberto y le digo que escriba sobre cualquier tema para que no se olvide lo que aprendió en la escuela.

En estos momentos estoy esperando la residencia. De que me llegue voy a intentar escaparme de Roberto. Ha pasado un año y medio de aquella experiencia horrible, y quién sabe por qué me he acostumbrado. Sucede todos los sábados. Después de cenar, Roberto me da a beber un vaso con ese jarabe, que estoy segura que es una droga, pero nunca he podido saber qué es. Cuando pasan unos minutos él me lleva para el cuarto, me desnuda, echa un poco de aceite en mis tetas y mis piernas, y empieza a masturbarme, metiéndome los dedos en el to.. y en el cu.. Cuando estoy bien caliente, cuando estoy que mi cuerpo arde por sentir un pene dándome bien fuerte, entonces Roberto llama a mi hijo, que ahora tiene doce años. Mi hijo ya está acostumbrado, su pene se ha desarrollado, y creo que hasta le gusta. Entra mi hijo, se baja los pantaloncillos y me penetra. Mientras hacemos el amor, Roberto se masturba al lado de nosotros, y a veces le gusta echarme la le... en las te.... Cuando terminamos, cada uno se va para su habitación. Y al día siguiente, Roberto va a la iglesia, y al volver nos dice que le pidió perdón a Dios por nuestros pecados y que Él nos perdonó del fuego eterno. Eso dice Roberto.

Hay días en que mi hijo se incomoda porque me pide que huyamos y yo me niego. Entonces me grita que me va a matar a Roberto, y a mí me va dejar viva para que me muera sola y sufra mucho por ser tan mala madre. Yo lloro mucho cuando me dice esas cosas, pero yo tengo esperanzas que en un futuro, cuando al fin me den la residencia y estemos libres, podré explicarle todas estas cosas tan feas que nos están pasando. Entonces yo sé que mi hijo cambiará su mente y volverá a quererme; a lo mejor no como su madre, pero al menos como una mujer que lo ama.

Pero hay veces, doctora Polo, en que tengo el ánimo por el piso y no sé si pueda soportar el tiempo que falta. Hay noches en que no puedo dormir, pensando en el mal que le estoy haciendo a mi hijo, y también si debo abortar la criatura o traerla al mundo porque, al fin y al cabo, no tiene la culpa de nada, y además es sangre de mi sangre, es hijo mío y de mi hijo. Hay veces que hasta en mi locura pienso que es algo bueno. Pienso que tener un hijo con mi propio hijo es algo divino porque no está contaminado con los genes de otros hombres, tan malvados, y mi futuro hijo nacerá puro y de buen corazón por ser fruto entre el amor de una madre y su hijo. Ya no sé si pienso correctamente. Estoy como perdida en un pozo oscuro, ciega de locura, y no veo ni la luz ni la salida. Creo que amo a mi hijo de doce años como nunca amé a otro hombre. Estoy pensando en decirle, una vez que nos den los papeles, que él en verdad no es mi hijo, que se lo robé a otra mujer porque lo amaba desde niño. Pero como mismo pienso eso, creo también que sería la cosa más horrible que le pudiera decir.

Si esta carta llega a usted, le ruego que me ayude. Estoy aguantando por los papeles, pero no sé si podré.

Que la Virgen de la Altagracia me la proteja.

Marisela Vega

Marisela:

He sufrido el castigo de leer tu carta en varias ocasiones para tener suficiente tiempo y espacio para digerir todo lo que me cuentas y encontrar una salida para ese abismo de perversión y maldad en el que te has metido, arrastrando contigo a tu hijo inocente. También he dudado mucho si responderte personalmente, o enviarles tu carta a las autoridades competentes. Quiero decirte que hice ambas cosas, porque creo que estás en una situación tan peligrosa que puede terminar en una tragedia aún más grave de la que te encuentras.

Primeramente, me llama mucho la atención que te colocas en el papel de víctima cuando en realidad eres una cómplice junto al verdugo de tu esposo. Tú eres una mujer adulta que puede tomar decisiones: como mismo lograste escapar para echar esta carta en el buzón de la esquina, bien pudiste detener al primer auto que se cruzara en tu camino y pedir ayuda para avisar a la policía ¿Pero sabes por qué no lo haces? Porque prefieres vivir en ese mundo oscuro de perversión e incesto antes de regresar a tu país y vivir como una mujer pobre, pero honesta y como una buena madre. No tengo palabras para expresarte la profunda lástima que siento por tu hijo. Me causa terror pensar en las consecuencias que tendrá en su vida de adulto todo este infierno en que lo has metido. A estas alturas de su vida le has hecho un daño irreparable y creo que la mejor solución para él es alejarlo de ti lo más pronto posible para al menos evitar que continúes dañando su vida. Y todavía tienes el valor de encabezar tu carta diciéndome que todo esto lo haces por el bien de tu hijo.

¡Eres una sinvergüenza! Si estuvieras ante mí en este momento, creo que no podría contener mis impulsos.

Es evidente también que no estás muy bien de la cabeza. No sé si fueron los golpes que te dio tu primer esposo, el supuesto abusador en República

Dominicana, o todo ese juego macabro en el que te has sumergido con tu nuevo marido. Cuando dices que *"Pienso que tener un hijo con mi propio hijo es algo divino"* no me queda duda de que los pocos tornillos y tuercas que te quedan en el cerebro no están funcionando de una manera adecuada. Tal vez eso sea, precisamente, lo que te salve de cumplir muchísimos años por el delito que estás cometiendo.

No sé que será de tu futuro, si te darán la residencia, irás presa o te deportarán. Pase lo que pase, espero que reflexiones (si las neuronas te lo permiten) y denuncies de inmediato al monstruo con el que estás viviendo, para ver si al menos lo sacan de las calles y lo encierran en una celda, y podemos evitar que le haga daño a otros seres inocentes como tu hijo. Quizá así puedas darle al mundo algo bueno de tu parte, para que al menos tenga significado el hecho de que hayas nacido.

¡Suerte!

Dra. Ana María Polo

Romeo y Julieta

Doctora Polo:

Primero quiero decirle que su programa es una de las pocas cosas que disfruto en la vida. Vivo actualmente en Chicago con mi novio Gerardo, más conocido como El Cholo, alejada de mi familia, de mis hermanos y de mi papá. De los veinte años de edad que tengo, llevo once sin ver a mi mamá, porque ella se murió en un accidente cuando yo era una cipota. Todas las tardes al levantarme me siento en la sala de mi casa y prendo la tele para ver su programa. Me gusta mucho porque he aprendido de la vida, y sobre todo, le presto mucha atención a sus consejos. Creo que usted es una persona muy inteligente, y creo también que si yo hubiera tenido una mamá como usted, nunca hubiera cometido tantos errores ni me hubiera metido en tantos problemas. Siempre que veo su programa, me acuerdo de las cosas que hice en mi pasado y eso me hace pensar mucho y darme cuenta de lo bueno y de lo malo, me ayuda a entender cosas que antes no entendía, y fíjese que hasta me dan ganas de regresar a la escuela y empezar a estudiar otra vez. Lo que pasa, doctora Polo, es que no sé si pueda comenzar una nueva vida. Me da mucha pena decirle esto, pero me busco la vida vendiendo mi cuerpo.

Sí, doctora Polo, soy una prostituta. Todas las noches, a eso de las nueve, enciendo mi teléfono celular y ya tengo cerca de cuarenta mensajes. Son clientes fijos que esperan mi llamada para acordar una cita en cualquier hotel, o a veces en su casa. Soy muy buena en mi trabajo. Cuando un cliente me cita por primera vez, es muy raro que no me llame nuevamente. Pero hay noches en que no quiero ni ver el celular. Lo veo allí apagado encima de la mesa de noche y me dan ganas de romperlo en pedazos, y cambiar mi número, pero la última vez que no quise ir a trabajar, mi novio El Cholo se empu.. y amonazó con golpearme y luego echarme de la casa. Yo no sé qué haría sin mi novio. Nadie de mi familia quiere saber nada de mí. Mis dos hermanos me odian. Mi papá, la última vez que fui a pedirle pisto me contestó escupiéndome la cara. Me llamó pu.. y pepere... asquerosa y me tiró la puerta en la cara. El Cholo es la única persona que me quiere en el mundo. Y por eso tengo que salir a trabajar, porque necesitamos el dinero, de la misma manera que él se la juega vendiendo cristal en la calle.

Lo que quisiera pedirle, y por eso le escribo esta carta, es que me diga de qué manera puedo empezar a enderezar mi vida. También me gustaría saber qué opciones legales tengo sobre un dinero que cobró mi papá hace años, por la muerte de mi mamá, y a mí no me han dado ni un centavo. Todo ese pisto se lo quedaron mi papá y Fausto, mi hermano mayor, y sé que con ese dinero mi papá se compró el apartamento en donde vive y mi hermano, que es pandillero, abrió un pequeño taller de mecánica. Ahora que hablo de mi hermano, voy a aprovechar para contarle el problema más grande que tuve en mi vida. Desde que yo era muy niña, no recuerdo ni la edad, mi hermano Fausto estaba metido en una pandilla del barrio. Yo lo supe por la forma en que se vestía y porque una vez le descubrí un tatuaje en el brazo. Todos los días salía de la escuela y se reunía con un grupo de chicos que se vestían como él, y varias veces mi papá tuvo que sacarlo de la cárcel por problemas. Me acuerdo una vez que estuvo perdido por una semana, hasta que apareció una noche, todo cubierto de sangre. Yo pensé que estaba herido pero luego, cuando lo oí conversando con mi papá, me di cuenta que había estado escondido porque apuñaló a otro chico de una pandilla rival.

Así era la vida en mi casa. Yo traté siempre de estar alejada de mi hermano. Me daba mucho miedo él y sentía terror hacia sus amigos. Desde que cumplí los trece años empezaron a mirarme de una forma que no me gustaba, y una vez uno de ellos se metió en el baño mientras yo meaba y quiso pisar.. a la fuerza. A golpes y arañazos pude quitármelo de encima. Al día siguiente, cuando se lo dije a mi hermano, él le cayó a golpes al chico, lo hirió en la cabeza con una tabla de madera, pero luego me advirtió que no sería la primera vez que eso iba a pasarme, que mejor me buscara un novio porque él no iba a estar defendiéndome toda la vida, más ahora que me estaban creciendo las chiches y el trasero.

La verdad es que yo no pensaba tanto en tener un novio, y le había dicho que no a muchos muchachos de mi escuela. La idea de mi hermano me fue gustando, porque tenía razón. En la calle, en las tiendas, a donde quiera que fuera, sentía que los hombres me miraban y me decían palabras chucas. Fue así como decidí escoger un novio. Y al cabo de varios meses conseguí lo que quería. De todos mis enamorados el que más me gustaba era El Cholo. Se vestía igualito que mi hermano, tenía un tatuaje parecido y en la escuela lo respetaban mucho. Un día le mandé un mensaje de texto anónimo, diciéndole que me gustaba mucho, y que si adivinaba quién era, yo estaría dispuesta a llegar hasta lo último con él. No me importaba perder mi virginidad con El Cholo. De todas maneras todas mis amigas ya no eran vírgenes, o al menos eso me decían. Como a los tres días de mandarle el mensaje de texto, El Cholo me esperó a la salida de la escuela. Me dijo que sabía que yo había escrito el mensaje y de allí fuimos a comer hamburguesas y amarramos como novios.

Los primeros meses que El Cholo fue mi novio, creo que fueron los días más felices de mi vida. Con él perdí la virginidad en mi cuarto, una tarde en que mi papá y mi hermano no estaban en casa. El Cholo lo hizo sin apuro, me gustó mucho, y casi no sentí dolor. Desde ese día lo hicimos dos o tres veces a la semana, y yo me fui enamorando. Pero la felicidad duró hasta que mi hermano se enteró que El Cholo era mi novio. Se enteró un sábado, que quedamos en salir al centro comercial. Mi novio pasó a traerme con un amigo, y cuando mi hermano lo vio parado en la entrada de la casa, salió afuera y empezaron a putea... y a empujarse. Yo no entendía nada al principio, y grité asustada cuando mi hermano sacó una pistola de su pantalón y le apuntó a El Cholo en la cabeza. Pensé que iba a dispararle. Llorando, sin pensar lo que hacía, me puse delante de mi novio. Mi hermano se fue calmando y bajó la pistola, diciéndole a mi novio que si lo volvía a ver conmigo le iba a llenar la barriga de plomos. Después que El Cholo se fue de la casa, mi hermano me dio varias cachetadas y me explicó que mi novio era miembro de una pandilla rival, que estaban peleados a muerte porque se debían como tres muertos. De paso me advirtió que me cuidara, porque la pandilla de El Cholo tal vez me estaba usando como carnada para llegar a él.

Pasaron muchos días en que traté de esconderme de mi novio. No le contesté las llamadas y cuando trataba de acercarse a la salida de la escuela, lograba alejarlo con la amenaza de que mi hermano venía a buscarme. La verdad es que yo le tenía más miedo a la reacción de mi hermano que a todo ese asunto de la guerra entre las dos pandillas. Por esos días se acercaban mis quince años, y yo soñaba con tener una fiesta de quince donde pudiera bailar con El Cholo sin que hubiera problemas. La idea se me fue borrando porque mi papá me dijo que no había pisto. Hacía como cinco o seis años que mi papá estaba esperando un pisto por la muerte de mi mamá, y cada vez que se tocaba el tema decía lo mismo: que cuando la aseguranza pagara, nuestra vida cambiaría para siempre. Así fue como me perdí mi fiesta de quinceañera, esperando el dinero por la muerte de mi mamá. Lo que nunca imaginé fue que varios meses después de mi cumpleaños, la vida me iba a cambiar tanto. Creo que de la noche a la mañana pasé de niña a mujer. Y lo que más me duele, aparte de recordarlo, es que todas las amigas que conozco, inclusive prostitutas, celebraron de alguna manera su quinceañera, y así se pasaron de niña a mujer. Pero yo pasé de niña a mujer cuando fui violada por varios hombres.

Mi hermano Fausto me lo había advertido, pero yo de pasmada me dejé llevar por las ganas de seguir viendo a mi novio, y empezamos a encontrarnos a escondidas. El Cholo vivía solo con su abuela, una viejita muy religiosa que siempre estaba metida en la iglesia. Cada vez que su abuela salía de la casa, nosotros aprovechábamos para irnos al cuarto para tener sexo. Un domingo, en la tarde, estábamos chulones en la cama y empezábamos a besarnos y toparnos cuando de pronto la puerta se abrió de golpe y entraron un grupo de hombres al cuarto. Yo me cubrí asustada con la sábana. Los tipos eran jóvenes, todos tenían tatuajes y por la discusión me di cuenta que eran de la pandilla de mi novio. Uno de ellos, que parecía el jefe, sacó una pistola y me la puso en la cabeza, y le dijo a El Cholo que saliera del cuarto.

Mi novio empezó a pelear con ellos. Les gritaba que yo no tenía la culpa de nada, que si tenían huevos que fueran a buscar a mi hermano, pero entre dos tipos lograron sacarlo del cuarto. Yo cerré los ojos, pensando que iban a matarme. De un manotazo me quitaron la sábana, me aguantaron los brazos y sentí de pronto que el jefe me separaba las piernas y empezaba a penetrarme con su ver... Yo sólo lloraba y les pedía que no me mataran. En ese momento era lo único que me importaba. Los tres que estaban dentro del cuarto me violaron en turnos. Y después entraron dos más y también lo hicieron. Cuando al fin se fueron, me dejaron allí tirada en la cama, chuca, llena de sudor y baba, con un dolor horrible entre mis piernas. Temblando me pude levantar apenas, conseguí vestirme, y al salir del cuarto descubrí a El Cholo llorando, sentando en el sofá.

No me acuerdo cómo salí de aquel edificio ni de qué manera llegué a mi casa. De lo que sí me acuerdo es que en la noche, después de ducharme y tomarme unas pastillas para el dolor, mi papá entró al cuarto y empezó a golpearme con su correa. Me acuerdo que me gritaba pu.., pepere..., zo..., y al terminar me dijo que no me quería más en aquella casa. Yo lloré mucho aquella madrugada. No sabía qué hacer. Casi al amanecer llegó mi hermano a la casa. Estaba borracho, o drogado, porque tenía los ojos muy colorados. Me dijo muy furioso que me lo había advertido. Ahora, dijo, yo tenía que irme a vivir lejos porque era una vergüenza. La gente de su pandilla se había enterado que había hecho una orgía con gente de la pandilla rival, y aunque él sabía que había sido a la fuerza, ya el chisme estaba en la calle y no había forma de pararlo. La única manera de terminar era conmigo bien lejos, o tendría que matarme.

A la mañana siguiente llamé a El Cholo para pedirle ayuda. Para convencerlo, tuve que mentirle. Le dije que mi hermano había jurado matarlo, y de esa manera aceptó irse conmigo a vivir a otra parte. Desde aquel entonces, hace ya cinco años, estamos viviendo en las afueras de Chicago. Empezamos a vivir juntos en un apartamento pequeño. Allí pasamos hambre, frío y enfermedades, hasta que un día decidí buscarme la vida como prostituta. Desde entonces la vida de nosotros mejoró muchísimo. Logramos reunir dinero para alquilar un apartamento más grande. Compramos toda la comida que queremos, tenemos un carro nuevo con calefacción, y hasta salimos todos los fines de semana. Pero de todo, lo más importante es que he podido darle a mi hija de cuatro años lo que nunca tuve yo en toda mi vida. Mi niña se llama Aurora, y es lo que más quiero en esta vida. No sé si es fruto de la violación, o si es hija de mi novio. No me importa. Lo único que me importa es que nació de mis entrañas y que por ella tengo que salir adelante; y es por ella, doctora Polo, que le estoy escribiendo esta carta, porque quiero dar un cambio en mi vida y no sé como empezar. Tal vez no tenga ni el valor de hacerlo.

Hace dos años me enteré, por la llamada de una tía, que la compañía de aseguranza le había entregado a mi papá 300 mil dólares por la muerte accidental de mi mamá. Yo llamé a mi papá, pidiéndole ayuda, pero sólo conseguí que me colgara el teléfono tres veces. Tampoco mi hermano me quiere recibir en el nuevo taller mecánico que se compró. Llamé a un abogado, pero me pide demasiado pisto para llevar mi caso a la corte, y la verdad es que no sé si tengo derecho a esa parte del dinero.

Por favor, ayúdeme. Un consejo legal de usted me basta para llevar adelante mi caso. Y unos consejos de mamá a hija serían el impulso necesario para dar el paso más importante de mi vida.

Gracias por estar en la vida de nosotros.

Carolina

Querida Carolina:

Pienso que nada es más importante en nuestro crecimiento que el amor y la comprensión de una madre y crecer en una familia tranquila y llena de amor. Definitivamente tú no has tenido nada de eso. Ser huérfana de madre a tan temprana edad puede ser devastador; y el hecho de que te criaste en una familia disfuncional, con un hermano ganguero y violento que fue el causante indirecto del horror que viviste a la edad de 15 años, tampoco te ayudó.

Me describes a tu hermano con ropa estrafalaria y tatuajes en su cuerpo; tu hermanito no parece ser un modelo de la revista GQ ni un gran *fashionista*. Tu hermano es un tremendo sinvergüenza y un criminal certificado. Lo prueba el hecho de que tu padre tuvo que sacarlo varias veces de la cárcel y que una noche acribilló a puñaladas a otro ser humano. Tú le tenías terror y no es para menos. Yo en tu lugar hubiera estado aterrada. Vivir en aquella casa era muy peligroso para ti, especialmente cuando comenzaste a crecer y a convertirte en una mujercita. Me horroriza leer que a veces los amigos de tu hermano se metían contigo y trataban de seducirte. Estabas creciendo, tu cuerpo se estaba trasformando en mujer y eras la presa perfecta: la presa indefensa.

El problema que tengo al leer tu carta, es tu historia con El Cholo; el pobre no es un dechado de virtudes, pero tú no eres precisamente Santa Teresita de Jesús. Según tus propias palabras, tú lo buscaste y te le ofreciste sexualmente. Después te enteras que él era parte de la ganga rival de tu hermano y ahí es donde la cosa se pone realmente peligrosa. No sabes cuánto siento lo que paso después. No tuviste fiesta quinceañera, aunque soñabas con ella, porque estabas esperando el dinero que tu papá decía vendría por la muerte accidental de tu madre. El dinero no llegó nunca para tu fiesta, lo único que recibiste fue el maldito regalo de la violencia y el horror. Me parte el alma que unos pandilleros entraran al cuarto donde estabas con tu novio, te pusieran una pistola en la cabeza y, uno tras otro, procedieran a violarte mientras tu novio lloraba en el otro cuarto como una magdalena.

Sé que cuando tú y El Cholo decidieron mudarse y vivir juntos pasaron hambre, frío y miles de necesidades. Ahora me dices que tienen un apartamento grande, un carro nuevo y que viven muy bien con tu hijita Aurora. Una hija que ni siquiera sabes si fue fruto de tu violación o de tu novio El Cholo. Sin embargo, me dices que la amas y estás dispuesta a cambiar tu vida por ella. ¿Mi consejo? Hazlo pronto, porque tu situación es tétrica y si no te apuras, puedes terminar muy mal.

No soy experta en psiquiatría pero pienso que muchos huérfanos, que crecieron en una familia difícil, han llegado a tener vidas productivas y ser importantes miembros de la sociedad. Tú, sin embargo, escogiste ser prostituta y aparentemente eres una prostituta muy popular, porque tener en tu celular más de 40 mensajes antes de la 9 de la mañana no te hace una buena pu.., sino la diva del porno. Felicidades. Y esto te lo digo, por supuesto, sarcásticamente. Me parece sorprendente que digas con cierto orgullo que eres muy "buena" en tu trabajo y que los clientes que se acuestan contigo la primera vez, repiten la experiencia.

Sin embargo, a pesar de tu fabulosa reputación de "abre piernas", a veces ni siquiera quieres ver el celular y tienes deseos de romperlo a pedazos. Pero enseguida, tu querido novio El Cholo, se empu.. contigo, te golpea y te amenaza con echarte de las casa si no sigues prostituyéndote. Un novio encantador. El sueño de cualquier mujer.

Hoy, tu padre y hermano no quieren saber nada de ti. Personalmente pienso que podrían ser más sutiles y no escupirte la cara ni rehusar verte de nuevo, porque la mera verdad es que tu papá ayudó muchas veces a tu hermano cuando acuchillaba a otro ganguero y se metía en la cárcel. Pero parece ser que los hombres de tu casa no están dispuestos a perdonar los errores de la única hembra de la familia. Es el machismo a la quinta potencia. Ahora, también podríamos ver la situación de otro punto de vista. Tener una hija prostituta no es precisamente uno de los orgullos más grandes de una familia. La imagen de tu hija o hermana con las piernas abiertas en un hotel de mala muerte, es más devastadora que un tsunami. No es una imagen precisamente poética. Y esa imagen puede desbaratar el alma de tu padre y tus hermanos.

Mi consejo es que dejes de una vez a El Cholo. Mándalo a la mier... Me dices que no sabes qué harías sin él; pues yo te digo que hay miles de cosas que podrías hacer sin él, como por ejemplo, ser libre. Tal vez puedas trabajar en una tienda, en un restaurante, estudiar por las noches para convertirte en enfermera o maestra. Las posibilidades son infinitas y en ninguna de ellas tienes que acostarte con cada patán que te ofrezca dinero. La prostitución es la profesión más vieja del mundo, pero hoy, en el 2013, es sencillamente una vergüenza.

También te aconsejo que busques ayuda para mujeres abusadas, hay muchos programas en Chicago que guían a mujeres como tú para que cambien su vida. Hazlo por ti y por Aurora, saca a tu hija del círculo vicioso en que te encuentras. Trabaja honradamente y conviértete en una mujer de honor. Tú no tuviste una mamá que te defendiera, pero Aurora te tiene a ti y el día de mañana te agradecerá que su madre supo cambiar su vida.

Y consulta a un abogado, entérate si tienes oportunidad de demandar a tu padre y recuperar el dinero que te pertenece. Y si no lo recuperas, recupera al menos tu honor.

Es hora de que aprendas a ser feliz. Inténtalo.

Tú puedes.

Dra. Ana María Polo

Disparador

Querida doctora Polo:

Ya no puedo más. Así de sencillo se lo digo. Estoy a punto de agarrar un cuchillo y enterrárselo a mi hijo, y ver si así de una vez por todas se acaba mi tormento. Y después que lo haga, de paso voy también y mato a mi marido, porque el muy hijo de puta me está haciendo la vida un yogurt. La verdad, para serle sincera, después de matarlos a los dos tendré que matarme yo misma, porque sin ellos no puedo vivir.

Mi nombre es Zuleika Guevara y en Cuba vivía en el barrio Cayo Hueso de La Habana. Vine a los Estados Unidos hace dos años, cuando mi hijo tenía doce de edad. Me trajo un yuma que conocí jineteando en el malecón. Harry era un tipo muy cariñoso pero de pi... corta, medio comemier.., que se enamoró de mí como un tonto. Lo llevé a mi apartamento cochambroso; el muy comemier.. me cogió lástima después de singa..., y se puso a llorar como una nena y a decir que le dolía mucho que yo viviera en esas condiciones. Yo le dije, mijito, dame los diez fulas que me debes por el palo que echamos y pírate a llorar a otra parte, que aquí en Cuba la cosa está en candela, bastante muela que uno tiene que aguantar por la televisión, para que venga un yuma a darme muela a mi casa. Se lo dije, y de paso, como quien no quiere la cosa, le solté que si le dolía tanto, que se casara conmigo y me llevara para la yuma. Bueno, el tipo, aunque parezca increíble, se lo cogió en serio, y un año después estaba yo en Connecticut con mi hijo de 12 años, pero entre el frío y la pi... corta de Harry, decidí volarme para Miami, y putea...

como acompañante pude traer a mi verdadero marido de Cuba. Ese chino sí tiene tremenda morro..., y me pone a gozar como nadie.

El problema, doctora Polo, es que mi hijo, Yunieski, heredó la misma morro... de su padre, y desde que le empezaron a salir pende... se pasa todo el santo día masturbándose en público. Vaya, que es tremendo disparador. La verdad no sé por qué razón le dicen así, porque yo no veo que las balas y las pin... se parezcan en nada. Vaya usted a saber. Estos cubanos tienen una imaginación del cara...

Por culpa de Yunieski me busqué muchos líos en Cuba. Un día, por ejemplo, estaba lavando la ropa en la cocina cuando escuché tremenda gritería en el solar. Cuando me asomo al pasillo, veo a un vecino dándole trompones a mi hijo, que en aquel entonces tenía diez años. Imagínese, doctora Polo. Allí mismo se me subió el santo y le tiré el jabón por la cabeza al tipo, y acto seguido le fui encima como una fiera. Nos dimos galletas, patadas, escupitajos; nada, que la que formé no fue fácil. Después que se acabó la pelea porque nos separaron, el tipo me dice que mi hijo Yunieski le estaba disparando a su mujer. Resulta que la mujer del señor estaba bañándose en el baño que compartimos en todo el edificio, y mi hijo estaba mirando por el hueco, recauchando y masturbándose, y por eso el vecino armó todo el jaleo. Yo le dije, mijito, me lo hubieras dicho antes, mira como me dejaste, toda descojona...

Esa fue la primera vez, pero no la última. Me llamaron como siete veces de los colegios, y siempre estaba yo cambiando de escuela a Yunieski por la gracia de estarle disparando a las muchachas. Unos meses antes de venir de Cuba, me lo cogieron preso en el Prado, por la misma gracia. Me dijo el oficial de guardia, cuando lo fui a sacar del calabozo, que estaba sentado en un banco del parque disparándoles a dos turistas mexicanas. Yo pensé que al llegar a la yuma se le iba a quitar esa mala maña de sacarse la pin.. en público y masturbarse, pero la cosa fue al revés. Ahora es como un vicio que se le ha pegado. Es como si la comida americana le hubiera aumentado su potencia sexual. Me lo cogieron preso dos veces, una porque le sacó la pin.. a una muchacha que estaba en Miami Beach, y la otra en el baño público del Mall de las Américas. Esta última vez, el juez le dijo que a la tercera es la vencida, y que para la próxima me lo mandaba para una cárcel de menores. Ya yo no sé qué hacer, doctora Polo. Yo le digo, mijito, si tienes queso yo te busco una mujer, pero siempre me dice que no. Hace poco, cuando cumplió los catorce años, le traje una pu.. amiga mía y Yunieski se apende.. todo y salió huyendo de la casa.

Ahora, para colmo, a su padre le ha dado por entrarle a trompadas a Yunieski. Dice que es un pervertido, un maricón, que va a terminar con el cu.. roto en la cárcel por estar acosando a las mujeres. Mi marido quiere que yo bote a Yunieski de la casa. Me dice que se lo entregue al gobierno, a ver si me lo adopta una familia de negros prietos para que se entretenga templan.. negras americanas.

Ayer la bronca fue del cara... Una vecina, que vive en el apartamento del primer piso, subió a darme las quejas porque el paju.. de mi hijo le estaba disparando a su hija, con la pin.. afuera, allí mismo en la escalera. La chiquita, que tiene quince años, se pasa todo el día con un short bien cortico que se le marca toda la papa.., y anda sin ajustadores. Y yo le dije, primero dile a tu hija que deje de vestirse como una pu.., y después ven a quejarte, so comemier.., pero cuando entramos a la casa, mi marido se quitó el cinto del pantalón y le dio unos cintazos a Yunieski que para quitárselo de encima, tuve que meterle con una sartén en la cabeza. Mi marido no se quedó quieto, y de un manotazo me quitó el sartén y me dio una de gaznatones que todavía me duelen las costillas.

Gracias a Dios que una vecina que oyó la despinga... vino a rescatarme de la paliza, porque si no, yo creo que estas letras las estaría escribiendo bajo la tierra. (Bueno, que comemier.. soy: si mi marido me mata, ¡qué cara.. voy a escribir si estoy muerta!) Así que le pido su ayuda. He pensado a veces que mi hijo es un retrasado mental, usted sabe, y dicen que mientras más mongólico es un muchacho, más grande tiene la pin.., y la verdad es que Yunieski se manda tremendo tole... Ya lo llevé a una psicóloga, y me dijo que lo que le pasaba a mi hijo era normal, que estaba en una etapa de desarrollo sexual, que lo que era anormal era lo otro, eso de estar pajeándo.. en público. Me dijo que tratara de conseguirle otras actividades a Yunieski, o si no, que le buscara amiguitas, pero el muy comemier.., cada vez que le traigo a una amiga para que se le quite ese queso viejo que tiene, se manda a correr huyendo. Yo la verdad que no sé qué hacer, doctora Polo. Tengo miedo de despertarme una noche y descubrir a mi hijo masturbándose a costa mía o, peor, tengo miedo que su padre lo tire un día por las escaleras del edificio y me lo mate; y entonces tendré yo que matarlo a él, y después matarme yo misma porque sin ellos dos mi vida no sirve para nada.

Doctora Polo, si usted quiere, yo estoy dispuesta a ir a su programa, y llevar a mi hijo. El que sí no creo que quiera ir es mi marido, el chino, porque se manda un perro mal carácter cuando está encabrona..., y también tengo miedo que se enrede a trompones con algún *security* de su show, o quizá usted tenga que meterle un martillazo en la cabeza. Y eso sí lo voy a disfrutar. Quiero resolver este problema que me tiene loca. Yo no sé si mi hijo está enfermo, o lo hace por resinga... la existencia. Hasta hay veces en que he pensando que lo hace como venganza, por lo mal que yo lo trataba a veces cuando era más niño. Es que la vida en Cuba es muy dura, y a veces yo tenía que sacarlo del cuarto para poder acostarme con los extranjeros, y yo creo que mi hijo quedó muy afectado con todo eso. Imagínese: viendo a su madre templan.. con un tipo diferente cada día, y saber que su padre lo sabe, vaya, eso es del cara... Mire, para que usted vea la confianza que le tengo, que ni a la mismísima psicóloga le dije lo que le acabo de contar.

Le mando un abrazo grande y espero su respuesta.

Zuleika Guevara

Querida Zuleika:

Eso de agarrar un cuchillo y enterrárselo a tu hijo y después, de paso, matar a tu marido y más tarde matarte a ti, es sin duda un libreto para una buena historia de horror. Y como buena prostituta, ¡estoy segura que podrías venderlo y a muy buen precio!

Es un poco cruel que aparte de jinetear, (léase: prostituirte) en las calles calientes de La Habana, te las arreglaste para conquistar al único de tus clientes quien, el pobre, tuvo dos cosas para ti: compasión y un pene pequeño. No es que la compasión y el tamaño del pene tengan que ver una cosa con la otra, pero sin lugar a dudas, tienen relación con tu problema. A ti Zuleika, lo único que te conmueve es el *cash*, te importa un comino que un hombre sienta compasión por ti; de hecho, muy pocas cosas parecen conmoverte. Sin amor, sin ni siquiera importarte un comino, le pediste a ese hombre que se casara contigo y que te llevara a la "Yuma", a Los Estados Unidos. Y el pobre Harry se enamoró de ti, tomó en serio tu deseo y un año después de conocerlo, viniste con tu hijo, vivita y coleando a Connecticut. En ese momento el tamaño de su pene era lo de menos, ¿cierto? Al poco tiempo, sin embargo, ya no aguantaste el frío y el pene pequeño, algo que una jinetera hormonalmente poderosa no puede aguantar. Así que hiciste lo que hacen todas ustedes, dejaste a Harry como una papa caliente y te fuiste a Miami a pasarla bien, ganar dinerito con tu pi.. y traer de Cuba a quien dices que es tu verdadero marido.

Pero dejando al pene y a Connecticut atrás, tu verdadero problema es tu hijo Yunieski. Dices que tu hijo se pasa la vida masturbándose en público y le llamas a eso tremendo "disparador". Yo no entiendo ni la mitad de las palabras que escribes, pero tengo que advertirte que en este país, un hombre que se masturba en la calle no es un "disparador", es un pervertido exhibicionista que podría ir preso por *"indecent exposure"* (exposición indecente). Aquí no estás en un solar habanero querida, aquí estás en Miami, en donde la actitud de tu hijo es condenada por las leyes, por más aire latino que tenga la ciudad.

Por lo visto, ese hábito indecente de tu querida criatura ya venía desde que era chiquito en Cuba cuando se ponía a masturbarse y tirarle el liquidito a las mujeres. Vamos a poner las cosas en claro, cuando te llaman siete veces de diferentes colegios acusando a tu hijo por hacer la misma aberración sexual, el problema es serio. Y además, fuera de control. Y tú por supuesto, como una madre ejemplar, en vez de agarrarlo por las orejas y enseñarle que eso no se hace, lo que hiciste fue patear al vecino que le cayó a golpetazos a tu hijo porque se estaba masturbando frente a su mujer. Aparentemente del semen de tu hijo no se salva nadie, ni siquiera dos pobres mexicanas que fueron de turistas a Cuba.

Con sólo catorce años, tu hijito ya ha estado preso en Cuba y dos veces aquí en Estados Unidos… no quiero ni imaginarme cuando tenga veinte años. Si no fuera por lo peligroso que puede ponerse todo este barrullo en el futuro, me parecería graciosísimo que la única forma que se te ocurre de ayudar a tu hijo sea trayéndole una prostituta amiga tuya.

Tú y tu marido obviamente no tienen el IQ de Einstein, ¿a quién se le ocurre que el problema de tu hijo se puede curar teniendo sexo con negras americanas? No entiendo por qué te horroriza que tu marido le entre a trompadas a tu hijo y lo llame pervertido por estar acosando a las mujeres. Las trompadas están de más pero sin duda el chico se merece un buen sopetón y más que nada, un excelente psiquiatra. Y tú tienes la desvergüenza de decirme que es la comida americana lo que ahora tiene a tu hijo fuera de control. Perdóname, pero no existe ninguna teoría que una a la masturbación desenfrenada con las papas fritas o un *hamburger* de McDonald's. Nada que ver. *Sorry*. Ustedes definitivamente son un circo: tú defiendes a tu pervertido sexual, tu marido te entra a golpes porque lo haces, y tu hijito sigue masturbándose como un energúmeno.

Probablemente lo que enfermó a tu hijo no fue ni Cuba, ni la comida norteamericana. Tú tienes gran parte de la culpa por haber llevado hombres a tu casa para hacer el sexo casi enfrente de tu hijo.

Dices que a veces piensas que tu hijo es un retrasado mental. Yo no estoy de acuerdo, los retrasados mentales son tú y tu esposo; tu hijo es un enfermo sexual. Me dices que ahora se te alumbró el bombillo y lo llevaste a ver una psicóloga que te aconsejó que le buscaras una amiguita. ¿Una amiguita? ¿Qué clase de psicóloga es esa? Ese consejo te lo hubiese podido dar el carnicero de tu barrio y no te hubiera cobrado un centavo. El problema de tu hijo es mucho más complejo y profundo.

Necesitas llevarlo con una psicóloga calificada, pero para que pueda realmente ayudarlo, debes contarle toda la historia, desde cómo te prostituías en Cuba hasta todo lo que ha hecho tu hijo. Ah y cuidado, ese es capaz de masturbarse encima de la famosa psicóloga y todo va a terminar como la fiesta del Guatao.

Otra cosa me aterra y es el hecho de que quieres venir con tu hijo a mi programa y no me parece una buena idea. Si a ese pervertido sexual se le ocurre "dispararme" a mí o a alguna de mis productoras, te prometo que la policía se lo va a llevar esposado del programa y como ya te advirtieron que la tercera es la vencida, tu hijo iría a parar a la cárcel de menores.

Antes de despedirme, te quiero preguntar una cosa ¿Tú de verdad no sabes si tu hijo está enfermo? ¿Estás loca o te haces? ¿Qué tiene que ver la vida mala que llevaba en Cuba con su aberración sexual? En Cuba, el 99.5% de la población lleva una vida mala y no se masturban en las esquinas.

Además chica, ¿a quién se le ocurre ponerle Yunieski a un hijo? Esta última pregunta no tiene nada que ver con la historia, es pura, pura curiosidad.

Dra. Ana María Polo

Marido infiel

Estimada doctora Polo:

He tenido que pensar mucho antes de escribir esta carta. Me ha sido muy difícil arrancarme del pecho esta podredumbre moral que me come el corazón. No sé si estoy actuando bien o mal, y por esa razón le pido ayuda. Ahora estoy encerrada en mi cuarto, escribiendo en la misma cama donde hasta hace pocos días estuve acostándome con mi esposo y con mi hermana. Sí, doctora Polo. Mi dignidad como esposa y mujer quedó destruida por la lujuria. Me dejé llevar por la perversidad de mi marido, Enrique: todo comenzó como un juego de caricias y terminó en un trío pasional, donde dos hermanas tenían sexo con el mismo hombre, y en donde ese hombre disfrutaba a las dos hermanas teniendo sexo entre ellas.

¿Qué es la perversidad? Con vergüenza le digo que la palabra perversidad se puede resumir en los últimos dos años de mi vida. Mi nombre es Daniela, tengo 27 años y soy natural de Sinaloa. Vine desde México a vivir a California desde muy pequeña, apenas cumplidos los seis años, pero me siento sinaloense de pura cepa porque mis abuelos y mis padres se trajeron los hábitos y costumbres de nuestra tierra y con ellos viví hasta los 23 años, cuando conocí a mi esposo. Lo conocí en una fiesta familiar. Enrique es diez años mayor que yo, o eso dice, porque la mera verdad es que a estas alturas no sé qué cosas en su vida son reales y qué cosas ha ido inventado con el paso de los años. Lo que sí es cierto es que Enrique es un encantador de mujeres. Eso lo supe desde el primer momento en que apareció en aquella fiesta. Era un hombre alto, robusto, con ese cuerpo bien formado por la naturaleza que tienen algunos hombres que no necesitan ir al gimnasio, porque el mero trabajo los hace mantenerse en forma. Tenía en aquel entonces la misma barba de candado que lleva ahora, y un sombrero negro que lucía muy bonito, haciendo juego con sus botas de vaquero. La neta, doctora Polo, es que yo me enamoré con sólo verlo, y cuando se sentó a mi lado y me empezó a decir cosas lindas, sentí un apretón en el pecho y una tembladera de piernas que nunca antes había sentido en mi vida. Me invitó a salir a cenar el sábado siguiente, y yo acepté sin pensarlo.

De eso han pasado ya cuatro años, pero recuerdo aquella semana inolvidable. No voy a mentirle y decir que yo era virgen, porque la virginidad la perdí en la secundaria con un estúpido al que no vale ni la pena mencionar. No era virgen, pero nunca me habían flechado como me flechó Enrique. Quiero decir que ningún chico me había gustado tanto como me gustó mi futuro marido. Así es que me pasé la semana contando las horas hasta el sábado. Les pedí consejos a mis amigas de la universidad. Me compré varios vestidos. Mis padres estaban muy felices de verme tan contenta, y mi madre me prestó una pulsera dorada que me gustaba mucho, pero que nunca antes quiso prestarme: ¡fíjese si todos en mi casa se daban cuenta del tamaño de mi felicidad! A eso de las nueve, Enrique vino a buscarme en su troca último modelo, bien vestido y muy guapo, y desde que me subí a esa camioneta no volví a ser la misma mujer que era antes. Fuimos a un club nocturno de música regional mexicana. Bailamos y tomamos tequila toda la noche. Y mientras más yo bebía, más me enamoraba de aquel hombrote que me apretaba entre sus brazos y me hacía sentir feliz y deseada. No sé cuándo llegó el primer beso, pero sí recuerdo que salimos del club abrazados, y que cuando subimos a la camioneta, Enrique me empujó al asiento trasero de la troca y allí mismo me levantó la falda, me arrancó los calzones y me enterró su enorme ver.. —perdón por el lenguaje, pero es que eso es lo que tiene Enrique entre sus piernas— y me hizo gritar de placer y de dolor. Esa noche tuve mi primer, mi segundo y mi tercer orgasmo, porque él era incansable, y después, cuando me imaginé que todo había acabado y mi cuerpo no podía más, me volteó de espaldas, se arrodilló en el suelo y con su lengua empezó a lamerme entre las nalgas. De repente, sentí su ver.. dentro de mí otra vez, pero ahora en mi ano, y aunque sentí un dolor tremendo, aguanté como una yegua porque me gustaba ese dolor. De alguna manera que no entendía, ese dolor profundo que me llegaba a las entrañas me hacía sentir feliz y satisfecha, me hacía llorar de sufrimiento y de placer, y sin darme cuenta sentí cómo se me mojaban los muslos, mientras Enrique al fin terminaba con un grito de placer.

Esa madrugada, doctora Polo, no pude dormir del dolor que sentía entre mis nalgas y mis piernas. Tuve que tomarme varias aspirinas para el dolor, pero así, con dolor y todo, ya estaba pensando en el próximo encuentro con Enrique. No quiero alargar mucho la historia, y por ese motivo le cuento que después de aquella primera noche seguí saliendo todos los fines de semana con Enrique, buscando su cariño y su cuerpo, buscando ese placer que sentí la primera vez. Y él nunca me defraudó. Me trató con respeto y cariño delante de mi familia y de mis amigos, pero en la intimidad, cuando estábamos teniendo sexo, Enrique se comportaba como un animal. Se convertía en un semental que agarra a su yegua y la domina totalmente, la hace una especie de esclava sexual que quiere más sexo y más sexo, que mientras más recibe más desea, y llega un momento en que cae agotada, sin fuerzas, y entra en un sueño profundo que no tiene precio ni hay nada en el mundo que se le compare.

Mi relación con Enrique nunca se interpuso en mis estudios de contabilidad ni en nada de mi vida privada. Todo lo contrario. Su presencia en mi vida trajo un aliento nuevo, una energía distinta. En menos de doce meses, aquella niña de veintitrés años casi adolescente se transformó en una mujer de veinticuatro años. Una mujer con un futuro prometedor, porque terminé mis estudios y me gradué con honores. También tenía un marido de sueño, porque me casé ese mismo año con Enrique, y él nunca me defraudó, ni como hombre ni como amante, porque como mismo me ayudaba en las tareas de la casa así mismo seguía siendo en la cama. Aquí le cuento algo que se me olvidaba. Enrique es dueño de una compañía que arregla e instala techos de todo tipo. Es un negocio que heredó de su padre, el cual mantiene con su ejemplo y su esfuerzo diario. Con las ganancias de su negocio y con mi empleo como financiera en un banco, durante los primeros tres años de matrimonio nos dimos una vida que sólo se dan los millonarios. Viajamos mucho en cruceros por el Caribe y por Europa. Visitamos muchas ciudades de Estados Unidos, y fue precisamente en uno de esos viajes en donde el placer sexual que compartíamos como pareja dio el primer paso hacia la perversidad.

Ocurrió durante un crucero por el Caribe. No voy a mentir para hacerme la santa ni mucho menos. Admito que, de alguna manera, la idea de compartir a Enrique con otra mujer siempre me pareció excitante. No me considero una lesbiana, ni siquiera bisexual. Es tan sólo que la imagen de mi marido penetrando a otra mujer me excitaba muchísimo. Nunca se lo comenté por miedo a perderlo. Pero en aquel crucero estaba una chica rubia de unos veinticinco años, mexicana como yo, quien desde el primer día entabló una amistad con nosotros. Ella viajaba con sus padres y era evidente que se sentía aburrida, solitaria. Cada tarde, en la alberca, los hombres no dejaban de mirar su cuerpo dorado por el sol y su senos perfectos, más grandes que los míos. Se llamaba Karina. Usaba unas tangas casi transparentes, y era evidente que mi marido sentía atracción sexual por ella. Como a los tres días de estar en el crucero, una noche, mientras bebíamos en el bar, Karina estaba bailando con un chico y de pronto le sugerí a mi esposo la idea de invitarla a nuestro camarote. Enrique me miró sorprendido. No podía creer lo que yo le había dicho. Recuerdo que nos reímos con la idea, muy divertidos, pero a medida que los tragos iban calentando nuestro cuerpo, la idea de hacer el trío se volvía más seductora.

A mí me tocó invitar a Karina a nuestro cuarto. Llegamos los tres, algo tomados, y al cerrar la puerta le dije sin rodeos que queríamos hacer el amor con ella como testigo. Ella respondió con una risotada porque pensó que se trataba de una broma. Se dio cuenta que la cosa iba en serio cuando yo me desnudé totalmente, me acosté en la cama y Enrique empezó a besarme y acariciarme. No recuerdo en qué momento ella se desnudó también. No recuerdo cuándo mi marido dejó de penetrarme para subirse encima de Karina y penetrarla con tanta fuerza que tuve que taparle la boca. Sus gemidos eran casi gritos y ella me quitó la mano de su boca y me dijo que por favor la besara. Esa noche, por primera vez besé a otra mujer en los labios. Por primera vez sentí la lengua mojada de otra mujer dentro de mi boca y más tarde dentro de mi sexo. Esa noche estoy segura que crucé una barrera que jamás debí haber cruzado, pero soy sincera también y confieso que el placer o tal vez la perversión de estar con un hombre y una mujer a la vez me dio una enorme satisfacción sexual.

Después de aquella experiencia nuestra vida matrimonial no fue la misma. Continuamos siendo felices, viviendo en armonía, pero la vida en la intimidad había cambiado para siempre. Enrique deseaba tener hijos, crear una familia, y creo que si lo hubiéramos logrado en ese tiempo nuestro matrimonio hubiera sobrevivido. Ocurrió que Dios no lo quiso así. Por alguna razón desconocida, después de un año de matrimonio yo no quedaba embarazada. Al principio pensé que se trataba de mi marido, pero cuando los médicos me examinaron llegaron a la conclusión de que las píldoras anticonceptivas me habían alterado no sé qué cosa de mi ovulación, y debía someterme a un tratamiento para recuperarme. La verdad que no nos preocupamos demasiado. Al fin y al cabo yo tenía solamente 25 años y Enrique andaba por los 34. Teníamos mucho tiempo por delante. Yo acepté llevar el tratamiento hormonal, y dejé de pensar en tener un hijo. Sería cuando Dios quisiera, pensé, y mientras tanto debía disfrutar de mi juventud.

Y disfrutamos muchísimo. Continuamos saliendo a los clubes y restaurantes todos los fines de semana, pero, como le dije antes, a la hora de tener sexo ya queríamos compartir con otra mujer y cuando no lo conseguíamos, terminábamos insatisfechos. Recuerdo que un sábado, ya desesperados en la cama, Enrique prendió la computadora y buscó a una prostituta para llamarla por teléfono. Era una chica gringa muy joven, de apenas veintiún años, con unos senos pequeños y su sexo afeitado totalmente; tales detalles que no me gustaban, y esa noche no sentí mucho placer. Enrique, por el contrario, disfrutó a su antojo, y la pobre muchacha salió de nuestra casa con las piernas como temblando de la cogi.. que le dio. Al día siguiente acordamos no repetir la experiencia con una prostituta. En primer lugar porque no es lo mismo acostarse con alguien por placer que por dinero. Y en segundo, porque una persona con esa profesión puede estar contagiada con cualquier enfermedad venérea. Así que decidimos esperar con paciencia a la persona adecuada, es decir, esperar a que una mujer aceptara la propuesta de hacer el trío y no volvernos locos y pagarle a una prostituta. Una lo dice así de fácil —esperar con paciencia—, pero a la hora de la verdad, en medio del placer, cuando mi esposo me estaba penetrando yo sentía la necesidad de compartirlo con otra mujer. Y eso, doctora Polo, fue lo que me llevó a cometer la perversión más grande de mi vida.

Por aquellos días, le estoy hablando de hace más o menos un año, llegó de México Lucía, una media hermana de treinta y dos años, hija de mi padre en su anterior matrimonio. A Lucía yo la conocí desde niña, porque mi padre la traía de México durante las vacaciones, y si bien es cierto que nunca fuimos muy cercanas, tampoco mantuvimos la rivalidad que acostumbran algunos medio hermanos. Lucía tiene el cabello negro como yo, los mismos ojos medio verdosos, herencia de mi padre, pero es un poco más alta y más caderona, herencia de su madre asturiana. Sin maldad alguna, le ofrecí mi casa hasta que pudiera salir adelante. Desde el primer día de su llegada, nuestra vida matrimonial dio otro giro inesperado. Enrique y mi hermana conectaron de una manera que me sorprendió al inicio, y por qué no decirlo, también sentí algo de celos, pero con el paso de los días me di cuenta que yo también estaba feliz con el nuevo aire que mi hermana trajo a nuestra monotonía. Entre semana yo estaba como siempre ocupada con mi empleo en el banco y mi marido en su negocio de techos, de modo que Lucía empezó a cocinar y a encargarse de las tareas de la casa. Al llegar del trabajo teníamos la cena preparada, la casa limpia y ropa lavada, y los dos primeros meses vivimos como una familia feliz que se lleva de maravilla.

Todo cambió, sin embargo, una tarde, cuando regresé más temprano que de costumbre a la casa. Al entrar me llamó la atención que mi hermana no estaba en la sala ni en la cocina, y cuando abrí la puerta de su cuarto me quedé en shock total: Lucía estaba acostada, con las piernas abiertas, masturbándose con un consolador, mientras miraba una película pornográfica. Llena de vergüenza, le pedí disculpas y cerré la puerta. Más apenada aún, ella me contó luego que sentía mucho no haber cerrado la puerta con seguro, me pedía perdón, y ya más relajada me confesó que hacía muchos meses que no estaba con un hombre y eso la desesperaba. Escuchándola me di cuenta que los genes sexuales de mi media hermana se parecían a los míos, porque yo padecía del mismo mal, y allí mismo abrí una botella de vino y entre copa y copa conversamos como hermanas por primera vez en nuestras vidas. Como a la tercera botella de vino, bastante pasada de copas, le confesé a Lucía que Enrique y yo habíamos tenido la experiencia de compartir con otra mujer en la intimidad, y cual fue mi sorpresa cuando ella me contó que durante la universidad, en México, también lo había experimentado. Se hizo de noche y Enrique nos encontró ya borrachas, muertas de la risa sentadas en la alfombra de la sala. Él nos cargó a cada una y nos llevó para los cuartos. A la mañana siguiente le conté la conversación que había tenido con mi hermana, y por su mirada, por esa sonrisa pícara que aparece en su cara cuando está excitado, me di de cuenta que ya estaba planeando la manera de llevarnos a compartir un trío con él en la cama.

Confieso, doctora Polo, que no tuvo que convencerme mucho. Ni a mí ni a mi hermana. Las cosas se dieron como si todo estuviera destinado a suceder. Nadie pidió nada ni nadie convenció a nadie. Una noche, salimos los tres a un club y bailamos y bebimos como locos. Desde que regresábamos en la troca de Enrique, mi hermana comenzó a besar a mi marido, y cuando llegamos al cuarto ya los tres estábamos desnudos. Lucía desnuda es una mujer muy hermosa. En ese momento no era mi media hermana, esa muchacha que conocía desde pequeña. Para mí esa noche Lucía era un ser humano bello, ardiente y necesitado de amor. Viéndola encima de mi esposo, gimiendo de placer mientras yo le acariciaba sus senos y la besaba en el cuello, y mirándola mientras me besaba el vientre y los labios apasionadamente, Lucía fue para mí la amante perfecta. Esa combinación de placer con culpa resultó ser algo mágico, pero también algo realmente perturbador.

La perversidad se alimenta de la debilidad de la carne. De eso no tengo duda, y mientras fui débil de carne y floja de mente, dejé que la situación entre nosotros tres se saliera totalmente de control. Seguimos conviviendo así durante unos cinco meses. La vida seguía su curso normal, y cada vez que Lucía salía con nosotros, acabábamos los tres encerrados en el cuarto. Lucía se había transformado en mi amante y la de mi esposo. No sé por cuánto tiempo hubiera continuado esa perversión, si no llega a ser por un evento que acabó con todo y puso fin a la locura. Un buen día descubrí que estaba embarazada de tres semanas y mi reacción inicial fue llorar de preocupación y tristeza. De pronto me sentí tan sucia, tan avergonzada de haber sido bendecida con algo que no esperaba ni tampoco deseaba. A esa reacción inicial siguió otra, y fue cuando le confesé a Enrique que deseaba tener ese hijo, y que esa criatura era señal de que la vida que habíamos llevado hasta ese momento tenía que terminar. Mi esposo trató durante horas de convencerme de que abortara y ahí entendí que su verdadero interés no era nuestra felicidad, sino seguir con la vida de libertad y excesos. Pero más me sorprendió cuando descubrí que entre Enrique y Lucía existía una complicidad que yo no había notado antes. No tuve que presionarlo mucho para sacarle que estaba enamorado de Lucía, y que estaba dispuesto a divorciarse de mí para continuar con ella. El mundo se me derrumbó en ese instante, y pensé hasta en quitarme la vida, pero la conciencia de llevar en mi vientre a mi futuro hijo me dio fuerza para largarme de la casa y pasar estos días de pesadilla. Como pedí días por enfermedad, paso las tardes en casa de mis padres viendo la televisión y planificando mi divorcio. Fue en una de esas tardes viendo su programa que se me ocurrió la idea de escribirle esta carta.

Quiero divorciarme de Enrique. Quiero que se me entregue la mitad de todo lo que tenemos: las cuentas de banco, la casa, otra propiedad que tenemos alquilada y que Enrique pague manutención por mí y por mi hijo durante muchos años. El problema es que estoy convencida de que, si vamos a juicio, mi esposo sacará todos los trapos sucios que tenemos, todas las perversiones que hicimos durante nuestro matrimonio. Y eso, creo, acabaría con la vida de mi padre. ¿Se imagina cuando le diga que sus hijas tuvieron relaciones entre ellas y con el mismo hombre? ¿Se imagina el escándalo en la familia?

Por favor, doctora Polo, necesito de su consejo. Necesito que me ayude a resolver esta situación. Me he quedado sola y siento hasta vergüenza de contarle a un abogado todos mis secretos. ¿Usted cree que debo hacerlo?

Gracias, y le envío muchas bendiciones.

Daniela

Mi querida Daniela:

Al principio de tu carta te pones a filosofar preguntándote a ti misma qué es la perversidad. Vamos a salir de dudas. De acuerdo a varios diccionarios de la lengua española, la definición de la palabra perversidad es maldad, inmoralidad, crueldad, vileza, etc. O sea, la palabrita se las trae, no es un dechado de virtudes. Dices que vienes de Sinaloa y que tus abuelos y tus padres se trajeron sus hábitos y costumbres de esa tierra y tú te sientes sinaloense de pura cepa. Yo me imagino que tus pobres padres y abuelos no tienen nada que ver con lo que has hecho en tu vida. Tu podredumbre es tuya y tuya solita. Eso de acostarte con tu marido y tu media hermana al mismo tiempo es como matar dos pájaros de un tiro: depravación e incesto al mismo tiempo.

Vamos a analizar seriamente tu pesadumbre. Tienes sólo 27 años y te casaste con un hombre 10 años mayor que tú. En realidad no es mucha la diferencia porque un hombre de 37 años está todavía bien joven, y en el caso de Enrique tu marido, también en óptimas condiciones físicas. Enrique le caía bien a tus padres, era agradable, te decía cosas lindas, era encantador con las mujeres, alto, con tremendo cuerpo, se vestía bien y, según tú, tenía una ver.. bien grande, de esas que hacen gemir a las mujeres. Cómo no te ibas a enamorar; cualquiera diría que te ganaste la lotería.

Pero hablemos de tu primera cita. Después de unos tragos, él te empujó al asiento trasero, te levantó la falda, te arrancó los calzones y según tú, te enterró su enorme ver.. por delante, después te lamió el trasero y te la enterró por detrás. No es precisamente el acto de un caballero en su primera cita sino el acto de un atolondrado sexual que te trató como una pu.. y no como a una chica a quien admiraba y quería enamorar. Ese comportamiento debió despertar sospechas en ti. Pero claro, esa noche tuviste tres orgasmos y, *helloooo*, ¿quién se va a poner a pensar en pequeños detalles como ese? Dices que después de la primera cita él nunca te defraudó, que te trató con respeto y cariño delante de la familia.

Según tú, delante de tu familia te trataba bien pero por detrás te usaba sexualmente como un animal. Sin embargo, tu semental se casó contigo y aunque dices que eras una esclava en la cama, en la vida privada él te inspiró a superarte y te dio toda la libertad del mundo para que estudiaras. A mí Enrique me parece buena gente. Un hombre guapo, viril, que le gusta hacer el sexo con su mujer y le da buena vida. Muchas mujeres matarían por un hombre así, pero tú no. A ti no te bastaba que gracias al negocio propio de Enrique y a tu empleo como financiera en un banco, los dos se dieron una vida de millonarios, no te importaba que viajaron mucho, a Europa, en cruceros. Tú querías más. Y querías más en la cama. Y es allí donde, en un crucero al Caribe, la idea de compartir a Enrique con otra mujer te pareció excitante. Al final lograste tu fantasía, tu querido Enrique se enredó sexualmente con Karina, una chica rubia que estaba en el barco. Tu descripción de Karina es fascinante, dices que tenía tremendo cuerpo y unos senos perfectos. También aclaras, no sé por qué motivo, que no eres lesbiana ni nada por el estilo; pero si no eres lesbiana, tienes noventa papeletas para serlo. A ti te gustó esa mujer y quisiste compartirla con tu marido y de paso gozártela. Fuiste tú la que le sugeriste a Enrique la idea de invitarla al camarote, y fuiste tú quien la llevó al cuarto. Y ahí se formó la fiesta: encueros, besándose, acariciándose y tu marido penetrando a la rubita. Esa noche dices que besaste a una mujer en los labios por primera vez y que te gustó su lengua en tu boca. Mmmmmmmm… Ok, te entiendo, cada loco con su tema.

El problema que tengo contigo, es que después de aquella experiencia dices que tu vida no fue la misma, que a la hora de tener sexo ya querían compartir con otra mujer y cuando no lo conseguían terminaban insatisfechos. Así que el Internet vino a salvarlos. A través de él, Enrique busco a una prostituta. Ésta tenía 21 años, afeitadita totalmente, senos pequeños, detalles que según tú no te gustaban pero que sin embargo Enrique disfrutó a lo máximo. Una cosa es segura, ya sabes el tipo de mujeres que NO TE GUSTAN. Es un buen comienzo.

Después de esa experiencia deciden esperar por la mujer adecuada y no llamar más a prostitutas porque dices que no es lo mismo acostarse por placer, que por dinero. O sea, aparte de pervertidos, son tacaños. Muy admirable de parte de los dos.

En eso llega tu hermana Lucía y le ofreces que se quede con ustedes mientras encuentra dónde vivir. Lucía, con su pelo negro, ojos verdosos, alta, caderona, con mezcla española, en otras palabras, una monada. Ella tenía la casa limpia, la cena lista, la ropa lavada, era todo un estuchito de monerías y a ti, por supuesto, te gustó el aire que tu hermana trajo a la casa. Así vivieron por dos meses, felices, hasta que la encontraste una noche masturbándose porque te dijo que hacía mucho tiempo no hacía el amor con ningún hombre. Entre copa y copa le confesaste lo que habías hecho anteriormente con tu marido y ella te dijo que había hecho lo mismo en la Universidad. En medio de la borrachera dos pervertidas, perdón, dos queridas hermanas, confesaron sus vidas sexuales.

Tú ya no sentías placer haciendo el amor solamente con tu marido, por lo que decidiste tirarte por la calle del medio y cometer incesto con tu hermana Lucía. Una noche cuando regresaron de un club, tu querida hermanita comenzó a besar a tu marido y de ahí a la cama. Curiosamente vuelves a tener una diarrea mental describiendo la belleza de tu hermana, como una mujer muy hermosa, ardiente. Dices que viéndola encima de tu esposo, gimiendo de placer tú le acariciabas los senos y ella te besaba el vientre, etc., etc., etc.... En otras palabras, te comiste a tu hermanita.

Así siguieron conviviendo hasta que descubriste que estabas embarazada y cuando se lo dijiste a Enrique recibiste la sorpresa de tu vida. Él te aconsejó que abortaras, aparentemente tener un hijo contigo ya había dejado de ser uno de los sueños de su vida. Enrique y tú hermana habían conectado enseguida y ahora el sueño de Enrique era divorciarse de ti y vivir con tu hermana. Hay un dicho en inglés que dice "Karma, it's a bitch" (el karma es un hijo de pu..). En otras palabras, pagamos lo que hacemos.

En tu carta no hay ninguna indicación de que Enrique fuera el que sugirió meter a otras mujeres en tu matrimonio. Eso lo hiciste tú SOLITA. Tú eres la autora de llevar tus fantasías sexuales a la realidad. Tú incitaste y fuiste la arquitecta de los tríos sexuales que viviste con tu marido. Y, finalmente, fuiste tú quien llevó a la cama a tu hermana. ¿Y qué sucedió? Que tu marido se enamoró de ella. ¡Augh! Eso debe doler.

Ahora estás sola y quieres sacarle todo lo que puedas a Enrique en el divorcio. En California la ley es 50-50: cuando existe un divorcio, se dividen las propiedades y las cuentas de banco. Tu hijo tendrá, por ley, manutención hasta que sea mayor de edad, pero Enrique no tiene que pagarte manutención a ti, porque tú has trabajado siempre. Pero eso lo decidirá la corte californiana, no yo.

Sé que estás aterrada de que durante el divorcio, salgan a relucir todas las perversiones que sucedieron en tu matrimonio. Relájate, dudo mucho que Enrique se desprestigie a sí mismo y muchísimo menos desprestigie a tu hermana.

Tú pareces vivir en mundos separados; la buena y decente banquera, y la desenfrenada sexual que es capaz de todo por placer. La vida sexual de cada individuo es muy particular, lo que unos llaman fantasía para otros es perversión; por eso, no voy a tocar el tema. Lo que sí te recomiendo es que si quieres darle una buena vida a tu hijo, visites a un psicoanalista pues las desviaciones sexuales no terminan fácilmente.

Ah, y antes de que se me olvide, dices que no eres lesbiana, pero sería bueno que resuelvas ese deseo que te provocan las mujeres. Sería interesante analizarlo… por si las moscas.

Dra. Ana María Polo

Sangre, terror y destino

Sacramento, septiembre de 2011

Estimada doctora Polo:

Me acaban de poner el primer parche de morfina, y se me ocurre que tengo que escribirlo todo rápido, tengo que dejar todo escrito por si mis hijos quieran saber la verdad de su existencia. Nunca pensé que este parche me animaría a querer contar lo que hace tanto llevo dentro de mí. Sé que pronto moriré y no siento miedo, el dolor, que tanto aguanté para no tomar un calmante, en este momento se siente lejos; me siento con ganas de hacer tantas cosas, de viajar, regar el patio, hacer una cena familiar, pero de pronto, la cruel realidad... me quedan días de vida, mejor le cuento, Dra. Polo. Perdóneme si se me enredan las palabras; me corren las lágrimas porque la idea de poder desahogarme y liberarme de tanto dolor es increíble.

Mi nombre es Consuelo, y soy natural de San Matías, un pequeño pueblo de El Salvador. En este momento en que escribo estas letras estoy esperando con paciencia la muerte, ya que los doctores afirman que el cáncer que me destruye los ovarios es demasiado maligno y no hay manera de detenerlo. Mis dos hijos, que son gemelos, residen en Los Ángeles y tienen veinticuatro años. Son mi gran tesoro, creo que son lo único valioso que me ha traído la vida, a pesar de llevar en la sangre un legado tenebroso. Pero todavía no quiero tocar ese punto. Lo primero es lo primero, y comenzaré por contarle como empezó mi odisea.

Desde que tengo memoria, toda mi familia fue campesina y pobre. Éramos una familia de tres hermanos, siendo yo la única hembra. A mi madre nunca la conocí, porque murió de tifus siendo yo muy niña. Mis abuelos y mi padre trabajaban como jornaleros en las cosechas del café. Mi abuela paterna era una india pipil pequeña de piel oscura, una mujer de gran sabiduría que me crió, ya que mi padre tenía que laborar en los cafetales casi todas las horas en que el sol iluminaba los campos. Desde que tengo memoria, también conozco la historia de mi abuelo y toda su familia, quienes fueron asesinados a machetazos allá por 1932, cuando los jornaleros se rebelaron en contra de los hacendados y el ejército llegaba a los pueblos masacrando a todo aquel que le oliera a rebelde. De allí nació el odio tan profundo que sentía mi familia por dos tipos de personas: las familias ricas y los militares. Ese odio marcó toda mi vida y fue la causa de todas mis tragedias.

Tenía yo catorce años cuando me enamoré. Sé que era amor porque era un sentimiento puro, inocente y real. Que cosquilla tan deliciosa sentía cuando él se me acercaba. Él, Alfonso, tenía dieciocho años, y su pelo era negro, muy hermoso, y unos ojos color café que cuando me besó la primera vez sentí que eso era el amor más grande del mundo. Yo, cosa rara para mi país, El Salvador, era sorprendentemente atractiva. Mi primer amor fue lo más lindo pero fue también mi eterna desgracia; Alfonso, el hijo menor del hacendado cafetalero en donde mi padre y mis hermanos trabajaban, nunca iba a ser aceptado por mi padre. Él era de familia rica y yo era familia de los empleados rebeldes del hacendado cafetalero.

No recuerdo exactamente cómo comenzó nuestro amor, porque yo conocí a Alfonso desde niño. Yo lo veía cuando pasaba todas las tardes por el pueblo montado en el coche último modelo que su madre conducía, o en la misa de los domingos, sentado en la primera fila vestido de traje negro impecable. Lo cierto es que un día nos vimos de casualidad en la iglesia, creo que durante una fiesta patronal, y acordamos encontrarnos otra vez a escondidas, en una manigua cercana a mi casa. Llegado el día acordado, al encontrarnos, Alfonso me declaró su amor ingenuo y eterno, por primera vez nos besamos, y desde aquella tarde empezamos a vernos regularmente en aquel lugar, ocultos de todo el mundo. En uno de esos encuentros, llevada por el deseo y el amor, le entregué mi virginidad a Alfonso.

Muchos campesinos se rebelaban y se unían a grupos guerrilleros que operaban por la zona. Fueron precisamente uno de estos grupos el que nos descubrió a mí y Alfonso mientras hacíamos el amor, y uno de ellos me llevó por los pelos para mi casa. Cuando mi padre se enteró de mi relación con Alfonso, me dio una tunda de golpes tan fuertes que aún me duele al recordarlos. Gracias a la intervención de mi abuela mi padre se detuvo, porque creo que estaba tan furioso, que hubiera sido capaz de matarme. Como castigo me encerraron en el cuarto no recuerdo por cuánto tiempo. Lo que sí recuerdo fue que sufrí como una loca, llorando de rabia y de dolor por no poder ver a mi Alfonso, sin saber que ya llevaba en mi vientre el fruto de su amor. Fue mi abuela la que me dijo que estaba embarazada, y se puso a llorar desconsolada y me dijo que me fuera de la casa, que hiciera un bulto con mi ropa y me desapareciera, porque si mi padre se enteraba de seguro que iba a matarme a golpes. Fue mi abuela también la que mandó un recado a Alfonso, y él aceptó recogerme para llevarme hacia la capital, lejos de mi familia.

No sé de qué manera mis hermanos se enteraron. No sé si alguien del pueblo se los dijo o descubrieron mis intenciones. Todavía me lo pregunto. Porque cuando escapé por la ventana y salí corriendo, miré hacia atrás y las luces de la casa estaban apagadas. Todo estaba oscuro. Recuerdo que la luna no aparecía por ninguna parte, pero los que sí aparecieron nomás agarré el camino fueron mis dos hermanos y mi padre. Mi hermano mayor tenía un revólver en la mano, y mi padre me agarró por los pelos y me tapó la boca para que no gritara, sentí que mis piernas se me mojaban porque me oriné. Mi padre me golpeó en la cabeza, mientras me decía, rabioso, que yo había ensuciado el honor de la familia, que le había dado mi co.. al primer hombre que lo quiso, que era una pe... imperialista por haberme cogi.. al hijo del hacendado, y mi hermano me apuntaba, nervioso, con el revólver. Al cabo de unos minutos, se iluminó el camino, y segundos más tarde apareció el coche conducido por Alfonso. Cuando mis hermanos lo detuvieron, apuntándole con el revólver, Alfonso se apeó en silencio, tranquilo, y fue directamente a hablar con mi padre. Yo estaba de rodillas en el suelo, llorando, suplicándole que nos dejara en paz; Alfonso le prometió que se iba a casar conmigo en cuanto llegáramos a la capital, porque aquí en el pueblo sus padres no se lo iban a permitir. Ellos hablaban de manera civilizada, y recuerdo que por un momento me calmé. Por mi mente pasó un breve soplo de esperanza, más todavía cuando mi padre le quitó el revólver a mi hermano, que se notaba muy nervioso. Pero acto seguido, con la calma más aterradora, mi padre levantó el brazo y le disparó a Alfonso un tiro en la cabeza. Mi novio cayó al suelo y yo dejé escapar un grito y me le tiré encima. Estuve llorando y gritando no sé cuánto tiempo más, viendo cómo mis hermanos se llevaban a rastras el cuerpo de Alfonso y mi padre me aguantaba con sus brazos.

Me encerraron en un cuarto los próximos ocho meses. Mi padre quería sacarme la barriga a golpes, pero mi abuela intervino y le dijo que podría matarme a mí junto con el bebé. Mi padre aceptó dejarme el embarazo con la condición de que nadie del pueblo me viera así preñada, y que entregáramos al bebe a un orfanato. Mi abuela cuidó de mí durante todo el tiempo que duró el embarazo. En esos meses, mis hermanos ya se habían escapado para el monte, junto a los guerrilleros, huyendo de las represalias de la familia de Alfonso, pues mi padre había jurado que fueron ellos los que mataran a mi novio. Finalmente, en la madrugada del 11 de marzo, y con mis quince años de edad, di a luz a un niño hermoso y robusto. Cuando nació, mi abuela lo dejó en mis brazos por unos minutos, y pude ver cómo lo marcaba con un pequeño tatuaje, el dibujo de un ave pipil en la parte trasera de su pie derecho. Al terminar, mi abuela me dijo que con ese tatuaje yo lo iba a encontrar en el futuro, cuando el mundo estuviera en paz y la sangre hubiera limpiado para siempre los errores de los hombres. Llorando, me lo arrebató de los brazos, yo sin fuerzas para pararme de la cama, con las piernas y las sábanas mojadas de sangre, pude ver cómo se lo entregaba a una mujer vestida de negro que esperaba afuera del cuarto.

Pasé muchos días más encerrada en aquel cuarto. No tenía ganas de comer. No tenía ganas de ver a nadie ni de hablar con nadie. No tenía ganas de vivir, pero creo que hasta fuerza me faltaba para quitarme la vida. Mi abuela trataba de darme ánimos, la pobre, contándome cuentos de su infancia, tratando de alimentarme, y poco a poco el ánimo se me fue levantando con una idea, la esperanza firme que iba a convertirse en el motivo de mi existencia, en el objetivo primordial de toda mi vida: encontrar el paradero de mi

hijo. El amor entre Alfonso y yo había sido destruido por el odio, pero el fruto de ese amor no podía perderlo. No importaba cuántos años tardaría. Aunque tardara años en lograrlo, eso me dio fuerzas para recuperarme, y a las dos o tres semanas de haber parido salí del cuarto lista para enfrentarme al mundo.

Durante el tiempo que viví encerrada en mi casa, en el mundo de afuera pasaban muchas cosas. Los jornaleros habían hecho una gran huelga, y mi padre había sido arrestado y liberado en un par de ocasiones. Sus problemas con la autoridad crecían con el paso del tiempo, y no era raro que, una o dos veces al mes, se presentaran en mi casa soldados armados, preguntando por mi padre. A veces entraban sin permiso y viraban al revés la casa, buscando armas o panfletos que mi padre repartía. No estoy muy segura, pero creo que se había convertido en un líder campesino o algo parecido. Cinco años pasaron desde mi parto cuando mi padre murió de la misma manera violenta con la que había vivido. Una tarde, en un enfrentamiento de campesinos con el ejército, un disparo de fusil atravesó su garganta y quedó tirado en una calle de San Matías. Le confieso, doctora Polo, que no sentí el más mínimo dolor, ni una lágrima de tristeza bajó por mi mejilla. Más bien sentí una gran paz en mi corazón, un alivio enorme, al enterarme de que mi verdugo ya no tendría más oportunidad para hacerme daño. Unos días después de enterrar a mi padre, metí en una maleta las pocas cosas que tenía y me despedí de mi abuela, dispuesta a encontrar a mi hijo. La única información que tenía disponible, era que mi hijo había sido entregado en El Jardín, un supuesto orfanato en Chalatenango. Mi abuela me advirtió mucho que esperara más tiempo, que llegaban de todas partes noticias horribles de guerras y asesinatos, pero yo no le hice caso y me despedí de ella, dejándola sola en aquella casa ahora vacía, sin mis hermanos y mi padre.

El verano en mi país, sobre todo en el campo, es húmedo, muy caluroso, y era el mes de agosto cuando yo me puse en camino a Chalatenango. Caminaba por la carretera vacía, bajo un sol infernal, llevando mi maleta con las pocas pertenencias, y el recuerdo de aquel dibujo que tatuó mi abuela india en el pie de mi hijo recién nacido. Cada vez que pasaba un auto por la carretera, yo le hacía señas con las manos, pero nadie tenía la bondad de detenerse, ni siquiera camiones del ejército que pasaban llevando los soldados. Recuerdo que estaba muy cansada, pensando que en cualquier momento iba a desmayarme, cuando apareció un autobús en el horizonte y se detuvo junto a mí cuando vio mis señas. Era un autobús blanco, con aire acondicionado, y en el interior viajaban unas monjas y dos sacerdotes que venían desde San Salvador, a donde habían viajado para oficiar una misa. En total eran cinco monjas, dos jóvenes y tres ancianas. Los curas eran salvadoreños, pero había uno, no recuerdo su nombre, que tenía un marcado acento español. Lo que sí recuerdo con exactitud fue que habían pasado unos diez minutos de viaje, cuando el autobús fue detenido por un grupo de soldados del ejército.

El conductor, un hombre de unos cincuenta años, detuvo el vehículo, se bajó y entregó sus documentos. Un soldado subió al interior del bus, para registrar todas las maletas, a la vez que otros dos revisaban el exterior. Un poco después, el oficial jefe le ordenó al soldado que bajara a las dos monjas jóvenes. Desde mi asiento, pude ver como les arrancaron los rosarios del cuello y cuatro soldados se las llevaron monte adentro. No habían desaparecido aún las dos mujeres cuando el oficial jefe levantó su rifle, y sin mediar una palabra, disparó una ráfaga de balas en el pecho del chofer. Asustados, indignados, las monjitas y los curas se levantaron y empezaron a gritar por las ventanas, pero sus gritos fueron ahogados porque en ese preciso instante todos los soldados comenzaron a disparar hacia el interior del bus. Yo me tiré al suelo boca abajo, herida en un hombro, escuchando cómo los cristales estallaban en pedazos, cómo los cuerpos caían sin vida sobre los asientos y el suelo, oyendo los quejidos de dolor y de angustia; y esperé a que pasara la balacera. No sé qué tiempo estuve allí fingiendo estar muerta. De repente, sentí que unos soldados estaban caminando por el techo del bus, rociando con un líquido todo su exterior. Fue entonces, por el olor a petróleo, cuando me di cuenta que estaban a punto de prenderle fuego al vehículo. Solamente tenía dos opciones: quedarme allí dentro y morir calcinada o salir del bus y enfrentarme a las balas de los soldados.

El instinto de supervivencia, ese instinto que nos dice que un segundo, un minuto de vida más tiene valor, ese instinto hizo que me levantara, ya salpicada de petróleo, y gritara que estaba viva, que no me mataran; me bajé del bus gritando que estaba camino a Chalatenango en busca de mi hijo, que me lo habían quitado cuando nació, que no me mataran, que no tenía nada que ver con la iglesia ni con los curas ni con las monjas. El oficial jefe se me quedó mirando fijamente unos segundos, tiempo que me pareció eterno; a lo lejos se escuchaban los gritos de las dos monjas jóvenes, a quienes estaban violando; tras el oficial vi cómo el bus estalló en llamas. Esa imagen ahora me parece la visión del infierno, si es que existe. Se oyeron más disparos dentro del monte, y los gritos de las monjas se callaron. El oficial ordenó que me subieran al camión de los soldados, y me llevaron hasta el hospital del pueblo más cercano, donde me dejaron casi moribunda. Años más tarde, en un reencuentro casual, le pregunté a aquel oficial por qué me había perdonado la vida, y su respuesta me dejó helada: me dijo que mi hijo necesitaba de mi presencia y de mi apoyo. En ese momento no entendí el significado de sus palabras.

Una semana tardé en recuperarme en el hospital, al menos físicamente, porque el recuerdo de aquella masacre me había calado muy profundo. La crueldad de los escuadrones de la muerte llegaban todos los días al hospital. Asesinatos de familias enteras, incluidos los niños, era cosa común en la boca de los heridos que colmaban las salas de emergencia y los cuartos de operados. También se hablaba mucho de las guerrillas en aquel entonces, aunque no sería hasta años más tarde en que la guerra total habría de estallar por todo el país. Yo solamente pensaba en mi hijo, en recuperar a mi hijo. Allí en el hospital conocí a Tania, una joven que había sido herida en el monte y que era originaria de Chalate, como llaman los locales a Chalatenango. Tania me contó que estaba unida a un grupo guerrillero, pero tenía que regresar a su casa porque estaba herida y debía recuperarse para regresar a la lucha armada. Ella me acompañó hasta la ciudad, y la misma tarde en que llegué fui en busca del orfanato El jardín.

Lo que encontré fue un edificio de dos pisos totalmente en ruinas. Según me contaron los vecinos, unos insurrectos habían ocupado el lugar, huyendo del ejército, y después de un día de batalla, los aviones del ejército habían bombardeado el edificio, matando a todos los se encontraban en su interior.

Los restos de los cadáveres fueron incinerados, y los pocos sobrevivientes fueron fusilados por el ejército. Al escuchar la noticia, mi mundo se me vino abajo. ¿Cómo es posible que alguien tire bombas en un orfanato de niños? ¿Cómo es posible que mi hijo haya muerto por la misma violencia con la que fue asesinado su padre? En ese instante sentí un gran odio hacia Dios, hacia el mundo, y en especial hacia el ejército. En menos de un mes había sido víctima y testigo de la bestialidad con que operaban los soldados, y eso, unido a la idea de que mi hijo había sido asesinado por ellos, me condujo a convertirme, poco después, en una colaboradora de los guerrilleros.

Doctora Polo, no voy a contar con muchos detalles mi experiencia como miembro del FMLN porque perdería demasiado tiempo. Sólo le cuento que me reclutaron en 1972 y me enviaron al municipio de Perquín, en Morazán, donde comencé a recibir clases. Aprendí a leer y a escribir, y aprendí también a manejar armas de fuego, a fabricar bombas para sabotajes y otras muchas cosas necesarias para la guerra clandestina. Participé en varios actos de sabotaje. Repartí pasquines de propaganda; fui parte de varios comandos que atentaron contra oficiales del ejército. Así fui ganándome la confianza y el respeto de mis compañeros y de mis superiores. En 1978, con tan sólo veinticuatro años de edad, me ordenaron la misión de acabar con la vida de un alto oficial del ejército. Para cumplir con mi objetivo, tenía que ganarme la confianza de la esposa del teniente coronel, el oficial a quien debía eliminar, y entrar como parte de la servidumbre. Un año y medio tardé en entrar al seno familiar de mi presa, como una de las empleadas de servicio, pero una semana después fui descubierta por sus guardaespaldas al tratar de introducir una pistola a la casa.

Me condujeron a una prisión de mujeres. Años más tarde, ese teniente coronel del ejército habría de cometer una de las masacres más famosas de aquella guerra, y toda mi vida he cargado con la culpa de todos esos muertos. Unos muertos que estarían vivos si hubiera cumplido con la misión de acabar con él.

Desde el primer día que llegué a prisión fui torturada sin misericordia. Me golpearon con todo lo que usted se pueda imaginar. Me raparon el cabello, me desnudaron, me bañaron con agua helada, me pegaron electricidad en los senos y en el sexo, pero nunca dije una palabra que delatara a mis compañeros. Tan fuerte fue mi silencio, que al cumplir el primer año de cárcel los soldados pensaban que me había quedado muda. Fueron en total nueve años y medio los que estuve presa, los años más crueles de la guerra civil que sufrió mi país. Los ecos de esa guerra marcaban los días en la prisión. Todas las noches llegaban nuevas prisioneras. Todas las madrugadas se escuchaban los gritos de las torturas. Eran mujeres adolescentes, de entre catorce y diecinueve años. Yo pensé que los guardias se habían olvidado de mí, que para ellos yo era una vieja sucia, rapada y muda, pero en 1986 recibí la visita de un teniente del ejército. Lo llamaban por el apellido de Carballo. Era joven, de unos veinte o veintidós años, alto y apuesto, de voz firme, y me dijo, con absoluta convicción, que iba a sacarme toda la información que él necesitaba. Ordenó que me bañaran. Mandó que me trasladaran a una celda más limpia, con sábanas impecables. Me cambiaron la dieta alimenticia. Yo sólo pensaba en aquella guerra psicológica del joven teniente. ¿Qué se traía entre manos? La respuesta vino a la tercera noche, cuando entraron dos soldados y me ataron boca arriba en el camastro.

Cuando los guardias salieron, entró el teniente. Mientras se desataba la correa de su pantalón, me explicó con una voz suave y calmada que de ahora en adelante, todos los días, iba a venir a violarme. Yo podía decidir cuándo él dejaría de venir. Y acto seguido, se subió encima de mí y me penetró con todas sus fuerzas. Yo traté de evitarlo, pero era un joven fuerte, que me dominaba fácilmente. Por espacio de un mes, aquel teniente me estuvo violando, todas las noches, hasta que un buen día dejó de venir, y alguien me contó que lo habían enviado al frente de combate. De mí no pudo sacar una sola palabra con sentido. Pero de aquella constante violación, quedé embarazada por segunda vez. Fue una compañera de prisión la que me explicó por qué lo hacían: un hijo de ellos en el vientre era como la huella suprema de que habían conquistado a su víctima.

Por todos los medios traté de perder el embarazo, pero los médicos optaron por atarme al camastro de la prisión y fue así como, nueve meses más tarde, el 4 de junio de 1987, nacieron mis dos hijos gemelos, Roque y Mercedes. No sé si fue por la pérdida de mi primer hijo, o tal vez la lástima que sentí al verlos llegar al mundo, pero lo cierto es que decidí quedarme con ellos, a pesar de ser los frutos de una violación. Tras el nacimiento de mis hijos, decidieron dejarme en libertad, tras casi diez años tras las rejas.

¿Adónde ir con aquellos niños? Mis dos hermanos habían muerto o desaparecido durante la guerra, y la única persona que yo amaba en este mundo era mi abuela, ya con noventa años, sorda y casi ciega, quien vivía en un mísero hogar de ancianos. Con mis gemelos a cuesta, emprendí el camino hacia San Salvador. Allí realicé todo tipo de trabajos para sobrevivir. Cuando mis niños habían cumplido dos años, conocí a Rodolfo, un buen hombre, dueño del mercado donde trabajaba. Él me ofreció matrimonio y una vida apacible en la ciudad de Los Ángeles. No tuve que pensarlo demasiado y en diciembre de 1990 arribé a los Estados Unidos, donde he vivido durante los últimos veintiún años. Aquí continué mis estudios y me gradué como profesora de escuela primaria, y mis hijos crecieron felices, lejos de la violencia y el caos que experimenté en mi país natal. Pero como el destino mío es un destino lleno de sangre, terror y lágrimas, hace dos años, en 2009, el pasado vino a destruirme el presente de la manera menos esperada. Fue como una puñalada en la espalda, una puñalada que me enseñó que desde niña, la vida mía estaba marcada para siempre con la cruz de la vergüenza y el deshonor.

Ocurrió en un festival de independencia. En aquel parque se habían reunido miles y miles de salvadoreños para celebrar con música, comida y bebida, y estaba disfrutando la tarde con mi esposo cuando vi pasar junto a mí a una persona muy conocida: el teniente que me violó repetidamente en la prisión. Por un instante permanecí en shock, sin saber cómo reaccionar, hasta que decidí perseguirlo. Le dije a mi esposo que iba al baño, y durante unos diez minutos seguí de cerca al hombre. Estaba más grueso que antes, con el cabello más copioso, vestido en bermuda y sandalias y llevaba espejuelos oscuros, pero el paso de los años no había cambiado en nada su manera de hablar, sus gestos, todo. Él se sentó en un banco, con su botella de cerveza en la mano y al verme parada frente a él, todo su cuerpo se congeló como un témpano de hielo.

Me acerqué sin que el pulso me temblara, y le dije en su cara que yo lo perdonaba. En aquellos tiempos muchas personas cometieron actos bárbaros en situaciones límite, y que su acto de terror me había regalado, por lo menos, dos hijos maravillosos que me ayudaron a comenzar una nueva vida. Él se levantó, todavía nervioso, me pidió perdón, y me confesó que había sido criado sin madre y sin padre; que toda su familia había muerto durante la guerra; que fue sacado del orfanato donde vivía por los soldados del ejército; que fue trasladado a una escuela militar donde estudió hasta graduarse para salir a combatir en una guerra que no comprendía; que hizo actos bárbaros en las prisiones para que no lo enviaran a combatir en el monte. Finalmente me miró, me dijo lo siento, una vez más, y al voltearse, mi mirada bajó como por inercia a la parte trasera de su pie derecho, donde estaba tatuado el dibujo del ave pipil que mi abuela india le dibujó a mi hijo recién nacido.

Mi hijo es el padre de mis gemelos. El padre de mis hijos es a la vez hermano de ellos. Parece una tragedia griega, pero la vida es mucho más cruel que la ficción, y la verdad que no tengo fuerzas para contarles a mis hijos una verdad tan dura, y mirarles a la cara, sin tener respuesta de cómo sucedió.

¿Fue el destino, que estaba ya marcado? ¿O fueron mis actos, mis decisiones, las que marcaron el rumbo de mi desgracia? Como no conozco la respuesta, junto a esta carta le envío otras dos misivas, donde les comunico a mis hijos toda la historia.

Cuando ya no esté más en este mundo, usted tiene el poder de darlo a la luz pública.

Muchas gracias.

Consuelo

Querida Consuelo:

Pocas cartas me han conmovido como la tuya. Saber que te quedan solo unos días de vida a consecuencia de un cáncer agresivo y que estás soportando el dolor a través de la morfina me causa una pena infinita. Tu estás experimentando un final doloroso, pero infinitamente más dolorosa ha sido tu vida. No sabes cuánto lo siento.

Me dices que vienes de una familia campesina y pobre y que fuiste la única hembra de tres hijos, que tu madre murió cuando eras pequeñita y que te crio tu abuelita paterna que fue siempre muy buena contigo. No es fácil crecer sin madre y sabiendo que a tu abuelo y a toda su familia los asesinaron a machetazos cuando se rebelaron en contra de los hacendados. Todos sabemos que la guerra de El Salvador fue terrible. Desafortunadamente, la guerrilla ha traído muerte y pesar no sólo a tu país, sino a muchos países de nuestro continente. Hay un dicho que dice, "el que a hierro mata, a hierro muere". Y es cierto.

Me cuentas que toda tu familia sentía odio hacia las familias ricas y los militares. No sé que decirte sobre eso. El odio no es bueno y odiar a alguien por ser rico es cuestionable y más bien se parece mucho a la envidia, porque hay ricos buenos y hay ricos malos. Lo mismo pasa con los pobres: ser pobre no te salva de ser un buen sinvergüenza. En la vida Consuelo, todo es relativo. Pero eso ya es tema de otra conversación.

La ironía en tu vida es que a los catorce años tu primer y único amor fuera el hijo del hacendado cafetalero para quien trabajaba tu familia. Ese amor adolescente, como el de Romeo y Julieta, terminaría en tragedia. Digo eso porque tu padre y hermanos, que eran ya rebeldes y revolucionarios, consideraban a Alfonso como un enemigo. Y a ese supuesto enemigo fue a quien le entregaste la virginidad.

Dices que un grupo de rebeldes de la zona los vio haciendo el amor y que uno de ellos te llevó por los pelos a tu casa. Ahí, tu padre te dio tremenda tunda y te encerró en tu cuarto. Más tarde, al saber que estabas embarazada, te dio otra golpiza que por poco pierdes al bebé. Y fue tu pobrecita abuela la que interfirió para que eso no sucediera y te aconsejó que te escaparas. Tus planes de irte con Alfonso a la capital para iniciar una vida como familia se vieron truncados cuando tu padre y tus hermanos, con revolver en mano, te encontraron, te golpearon y te llamaron perra imperialista (la palabrita preferida de las guerrillas). Cuando apareció Alfonso para buscarte y trató de hablar con tu padre diciéndole que se quería casar contigo, tu padre le respondió con un tiro en la cabeza, matándolo instantáneamente. Te regresaron a la casa y te volvieron a encerrar en un cuarto de donde no saliste hasta que tu hijo nació y te obligaron a entregarlo a un orfanato. En medio de esa atmosfera de dolor, a tu abuelita se le ocurrió la brillante idea de tatuarle un ave a tu recién nacido en la parte trasera del pie derecho, para que en un futuro, tú pudieras reconocerlo.

Tu padre logró escapar de la justicia culpando a tus hermanos de la muerte de Alfonso, pero como nadie puede escapar del Karma, en uno de esos enfrentamientos, le dieron un disparo en la garganta y lo mataron. Al saber que tu padre ya no podía martirizarte más, te despediste de tu pobre abuela y te fuiste a buscar a tu hijo.

La historia de las monjas que los soldados sacaron del autobús donde ibas por la carretera y donde por poco mueres quemada me parece monstruosa. Como bien la describes es una visión del infierno. Y es que todos podemos ser diablos o santos. Desgraciadamente, muchos diablos han estado en tu vida. De nuevo, lo siento mucho. Has vivido escuadrones de muerte que asesinaban a niños y familias enteras, el abuso de tu padre, de tus hermanos, la muerte horrible de tu esposo y también te involucraste en un grupo guerrillero. ¿Dime la verdad, cuál esperabas que fuese el resultado de esa elección? Más muerte, más abusos, más desgracia.

Ahora eras tú otra guerrillera, con armas de fuego, aprendiste a fabricar bombas, di "necesarias" para la guerra clandestina. Participaste en sabotajes y así fuiste ganándote el "respeto" de tus superiores. Tremendo respeto el tuyo, porque te enviaron a matar a un teniente y tú no dudaste. Pero como en tu historial de vida no aparecen las palabras *buena suerte*, fuiste descubierta y te llevaron a una prisión de mujeres, donde te torturaron sin misericordia y donde, años más tarde, recibirías las visitas del teniente Carballo. Un chico de apenas 20 años, alto y bien parecido decidido a sacarte información, sólo que con un método de tortura bastante peculiar. Mandó a que te bañaran y te alimentaran mejor, a que te cambiaran a una celda limpia, con sabanas perfectas, y todo eso para después mandarte a amarrar en la cama en donde todos los días te violaría hasta que tú te decidieras a hablar. Aquí entre nosotras, yo creo que más que un torturador, era un degenerado sexual y eso de la tortura para sacar información era para darse puro placer. Pero esa es sólo mi opinión. Por más de un mes, te violó hasta que lo enviaron al frente del combate y así terminó tu tortura. Mejor dicho, ahí comenzó la otra parte de tu tortura. Porque saliste embarazada de tu violador y ahora con gemelos. Así es a veces la vida. No quieres caldo, te dan dos tazas.

Gracias a Dios esta vez pudiste quedarte con tus hijos y te fuiste a la capital a buscar mejor fortuna. Allí conociste a Rodolfo un buen hombre que te ofreció matrimonio y una vida tranquila en la ciudad de Los Ángeles, en los Estados Unidos, donde has vivido los últimos veintidós años. Pareciera que por fin la vida te sonreía: pudiste vivir por unos años una vida placentera, sin miedo, donde tus hijos crecieron felices sin que una bomba les explotara en las narices.

Pero otra sorpresa terrible te esperaba. E irónicamente te sucedió en medio de un festival de música, comida y bebida. Allí, en medio de la alegría, viste de nuevo al teniente que en tu país, te violó en la prisión. Allí estaba él, en bermudas, chanclas, con espejuelos oscuros y tomándose una cervecita. Más tranquilo y sereno que un gato. Me parece increíble que tuvieras la valentía de acercarte a él y enfrentarlo. Él se disculpó, te pidió perdón y te confesó su vida. Que él también había vivido una vida muy triste, que toda su familia había muerto durante la guerra y lo sacaron del orfanato y lo trasladaron a una escuela militar donde combatió en una guerra que él no entendía. Cuando le dijiste que de aquellos actos bárbaros que cometió contigo surgieron dos gemelos, él te pidió perdón de nuevo y se dio vuelta para irse. (Era un momento al que yo llamaría CASO CERRADO.) Sólo que cuando él se dio vuelta, tú pudiste ver con horror que en la parte trasera de su pie derecho tenía tatuada un ave: el tatuaje con el que tu abuela había marcado a tu primer recién nacido para que en el futuro pudieras reconocerlo. Y así fue, tu primer hijo es el padre y a la misma vez hermano de tus gemelos. Si no fuera por la desgracia y el horror que esto representa, yo me atrevería a decir que esta historia parece sacada de la ficción y no de la vida real.

Al final de tu carta me preguntas si fue el destino o fuiste tú la causante de tus desgracias. No estoy segura si el destino tiene algo que ver con esto, pero de lo que si estoy segura es que tú no eres culpable de nada de lo que te ha pasado en la vida. No eres responsable de haber perdido a tu mamá siendo pequeñita, de haberte criado con unos hermanos violentos y un padre asesino. No tienes la culpa de haberte enamorado de un buen muchacho. Ni siquiera eres culpable de haberte incorporado a la guerrilla. Ese, tal vez fue el único acto criticable de tu vida porque una guerrillera dispuesta a matar, no es precisamente un acto de redención, ni un buen *resumé* u hoja de vida. Tampoco fuiste culpable de que te violaran.

Dices que aparte de mi carta, quieres enviar a tus hijos gemelos otra carta diciéndoles toda la verdad. Yo no soy psicóloga, pero me parece que al hacerlo, los marcarás de por vida y los harás sufrir tremendamente. Cuando se enteren de que son el fruto de la violación cometida por su propio hermano, van a estar tan adoloridos y confundidos que pueden llegar a sufrir serios problemas emocionales por el resto de sus vidas. Yo tú no lo haría, pero no soy ni psicóloga, ni sacerdote, no sé si es el mejor camino a seguir.

Desafortunadamente te quedan pocos días de vida. Pero si tienes la oportunidad de descifrar y preguntarle a tu corazón qué sería lo más beneficioso para tus gemelos, hazlo. Yo creo que ya ha habido demasiado dolor en tu vida, demasiado horror. Rompe ese círculo de dolor y no se lo heredes a tus hijos. Deja que ellos sean felices.

Esta noche rezaré por ti, para que no sufras dolor físico y tampoco emocional, para que cuando tengas que decir adiós a este planeta, lo hagas con serenidad, rodeada de tus seres queridos. Y será entonces, al fin, que la paz llegará a tu espíritu.

Que Dios esté contigo.

Dra. Ana María Polo

Sexo en público

Estimada doctora Polo:

Le escribo por última vez, que vendría siendo la quinta carta que me tomo el trabajo de escribir, porque creo que los productores de su show, o quien demonios está a cargo de recibir las cartas, no tiene la menor noción de lo que significa una situación difícil. Veo mucho su programa, recomendado por mi abuela Josefina, y los problemas que cuentan las personas se quedan chicos al lado del lío en que estoy metido con Yolanda, mi esposa traicionera. Hace meses que tenía intenciones de asistir personalmente a su programa y decirle lo que voy a contarle en estas páginas, pero ya se me quitaron las ganas de tanto esperar una respuesta. De todas maneras, creo que mi historia tiene el suficiente valor, y está escrita de manera tan clara como para que alguien mínimamente inteligente se tome el trabajo de mostrársela. Todavía tengo esperanzas de recibir su respuesta, porque estoy, como dije antes, en una situación bastante complicada y la verdad es que no sé cómo salir del pozo en que Yolanda me ha empujado, poco a poco, utilizando su cuerpo y mi debilidad carnal.

¿Alguna vez alguien le dijo que tenía ganas de ser penetrada sexualmente en medio de una reunión de la ONU? ¿Qué tal recibir sexo oral en medio de una misa en el Vaticano? ¿Le parece demasiado loco y extravagante?

Pues esas eran algunas de las fantasías preferidas de Yolanda. Eran fantasías que no llevó a la práctica porque no tuvo la oportunidad, pero estoy convencido de que algún día, cuando ella consiga otro cómplice sexual, otro hombre dispuesto a dejarse arrastrar, terminará cumpliendo todas sus locuras. Creo que me estoy adelantando a los hechos y voy a comenzar desde el principio. Voy a comenzar desde el primer momento en que mi vista se posó en la figura de Yolanda.

Mi nombre verdadero aparece en el sobre de correo, y aquí en estas páginas me llamaré Eduardo, nombre que siempre me ha gustado porque así se llamaba mi difunto abuelo. Actualmente tengo 36 años de edad, soy contador de una firma de auditoría. Hace unos tres años conocí a Yolanda mientras regresaba desde Nueva York en el metro. Eran como las tres de la madrugada de un 9 de noviembre. Yo había salido de la fiesta privada de un amigo en Manhattan, bastante agotado, pero sintiendo esa extraña lucidez nocturna que provoca el alcohol mezclado con el insomnio. Al subir al tren, me percaté que el vagón estaba prácticamente vacío, como era habitual, salvo un borrachín que dormía acostado en un asiento, un hombre vestido de ejecutivo entretenido con su laptop y una pareja de jóvenes que conversaba en voz baja. Más allá de la pareja, en la última hilera, apartada de todos, había una joven de pelo negro y piel muy blanca, de aspecto hispano, vestida con un sobretodo oscuro, mirando hacia el exterior por el cristal de la ventana. Me llamó la atención su mirada perdida, soñadora, concentrada en un punto imaginario, mientras el tren viajaba a gran velocidad. A los pocos segundos descubrí que su brazo derecho se movía con una especie de temblor continuo, casi invisible, y que su mano se perdía en el interior del abrigo y terminaba en algún lugar húmedo entre sus muslos. Entonces sonreí para mis adentros, como avergonzado, porque caí en la cuenta que la hermosa joven se estaba masturbando. Nunca antes yo había visto nada parecido, y sentí de repente una excitación morbosa de conocerla, de saber por qué razones una mujer que indudablemente podía escoger con quien irse a la cama, prefería satisfacer su deseo sexual sentada en un metro solitario a las tres de la madrugada. Yo estaba sentado a dos metros de distancia, convencido de que ella estaba consciente de mi presencia, de mi mirada que no podía apartarse de su imagen, y sus ojos a veces me miraban de soslayo, entrecerrados. Por mi mente pasaron imágenes eróticas mientras ella continuaba en su labor de autocomplacerse. Y cuando al fin decidí levantarme y acercarme, la joven se puso de pie rápidamente, y recogiendo su cartera se encaminó a la puerta de salida más próxima. La seguí; me coloqué a su espalda. Le dije en inglés, en tono suave, que quería conocerla, que me había cautivado, que era una mujer encantadora, o no sé realmente cuáles fueron mis palabras exactas porque estaba muy excitado. Lo que sí recuerdo claramente fue que ella, antes de bajarse, volteó la cabeza y me dijo en español que me fuera a la mierda.

Después de aquella madrugada extraña, que a veces me parecía más un sueño que algo real, pasé varios días pensando en aquella mujer. Empecé a tomar el metro a las tres de la madrugada con la esperanza de tropezarme otra vez con la masturbadora anónima. Hice planes mentales, sabiendo ya que era una mujer latina, seguramente de Puerto Rico o República Dominicana. Durante esas noches de insomnio, imaginé conversaciones con ella, encuentros carnales y citas románticas, pero la imagen que más atormentaba mi mente era la de sus dedos acariciando los labios de su sexo. Y esta pregunta, que me venía todos los días sentado en mi escritorio: ¿lo tendría afeitado como las jóvenes modernas, o espeso y tupido como a mí me gustaba, como las mujeres de mi niñez?

Tres meses tardaría en conocer esa respuesta, gracias a la idea genial de Francisco, un colega de mis años de universidad, un poeta arrepentido devenido en periodista, medio loco y bohemio, conocedor como nadie de los misterios de la fauna neoyorkina. Cuando le conté mi experiencia, Francisco dibujó una imagen exacta de mi masturbadora anónima. En primer lugar, dedujo que era una practicante del cancaneo, término nuevo para mí, el *dogging* en inglés, que no es más que la práctica de sexo en público. Mi presencia aquella madrugada como voyerista o mirón accidental, explicó Francisco, había sido su principal objetivo, su logro máximo, y era lo que más le había excitado a ella.

Francisco estaba convencido de que un anuncio en la página *Craigslist* de Internet, detallando aquel encuentro, sería la forma perfecta de pescar a mi sirena desconocida. Según su lógica, las personas que practicaban el cancaneo se enviaban mensajes por ese medio, a veces direcciones para encuentros casuales, reuniones de grupo, y hasta avisos entre parejas con el mismo gusto. Esa misma noche, mi amigo, el pseudopoeta escribió el anuncio en la página *craigslist*; decía así:

Quiero conocerte. Viajera anónima, sensual y enigmática, que con tus dedos, ocultos entre tus piernas, prendiste mi deseo aquella madrugada del 9 de noviembre, sentada en el metro cubriendo la ruta Manhattan-Nueva Jersey. Desde entonces te busco para ser testigo, una vez más, de la imagen de tu cuerpo en medio del placer. Prometo discreción.

Hubo noches en que me reí de lo cursi que me parecía el anuncio. Otras veces perdí la esperanza, porque me contestaron unos pervertidos con ganas de jo... y me cité con tres desconocidas que en nada se parecían a la mujer que yo buscaba. Por fin, un martes, a punto de apagar mi computadora, recibí el e-mail que tanto esperaba. Por su respuesta, que aún guardo en mi buzón de correo electrónico, me di cuenta que mi búsqueda había terminado:

Yo también quiero conocerte. Viajero anónimo, nervioso y asustado, que con tu mirada lograste que mi orgasmo fuera perfecto. Si vestías chaqueta azul y pantalones jeans. Si usabas espejuelos y llevabas un portafolio. Si te mandé a la mierda antes de bajarme del metro, entonces estoy lista para conocerte. Aquí te envío mi número de teléfono.

No había terminado de leer la respuesta cuando ya estaba marcando los números de su teléfono. Del otro lado me contestó una voz tranquila, juguetona y sensual, y a la noche siguiente nos citamos en un bar de Manhattan. Su nombre era Yolanda, tenía treinta y dos años, era divorciada, había nacido en la Isla del Encanto, como supuse, y trabajaba en nada menos el edificio de las Naciones Unidas como traductora. Me habló de su infancia, de su formación académica. Me contó que era una católica practicante, algo que no esperaba, y me confesó que su pasión de tener sexo en público era como una forma de mantenerse joven. "De estar en forma", fueron sus palabras. La posibilidad de ser descubierta en el acto era lo más excitante para ella; más estimulante que hacer el amor con un hombre en privado, encerrada entre cuatro paredes. Me confesó también que aquella noche en el metro no llevaba ropa interior alguna, como muchas veces, y que mi presencia en aquel lugar estaba marcada por el destino. Sus palabras me provocaron una erección increíble, un estado de excitación como nunca antes había experimentado, y más aún cuando me dijo, sonriente, que casi nunca se citaba con hombres, porque con los pocos que lo había hecho, cumplía con una regla: acostarse con ellos la primera noche ¿Para qué esperar otras citas si para ella lo más importante en un hombre era su capacidad sexual?

Como era de esperar, no fuimos ni a mi apartamento ni a un hotel, sino que caminamos un rato por un parque, y allí mismo, tras unos árboles, ella me empujó a la hierba y casi sin darme cuenta comenzamos a tener relaciones. Le abrí la blusa y descubrí que no llevaba sostén. Sus senos eran como su piel, blancos y erguidos como los de una adolescente; y su sexo, como en mis sueños desde la infancia, estaba protegido por vello negro y hermoso. Traté de concentrarme. Traté de olvidarme que estábamos en medio de un parque público porque estaba consciente de que era una prueba, y logré penetrarla y satisfacerla hasta que su cuerpo quedó como muerto de cansancio sobre el césped; yo me quedé pensando en lo maravilloso que era coge... a una mujer a las once de la noche en el Central Park de Nueva York.

Así comenzó nuestra relación, doctora Polo, en un lugar público, y así continuó por espacio de tres años. Yo me había enamorado de Yolanda sin haberla conocido personalmente, creando en mi mente una imagen sensual que me excitaba; esa imagen se fue enriqueciendo al comenzar nuestra relación, y ella se convirtió en una droga para mí. Desde que me levantaba hasta que me acostaba su imagen no se iba de mi cabeza. Al principio nos encontrábamos tres o cuatro veces por semana. Uno de sus lugares favoritos eran los cines. Mientras más concurridos, mejor. Nos sentábamos en la última hilera, y nomás comenzaban los créditos del filme, Yolanda me abría la cremallera del pantalón y empezaba a sobarme mi pene erecto mientras yo le acariciaba su clítoris. No importaba el tema de la película —comedia, drama: daba lo mismo—, lo que disfrutábamos era el placer sexual y la aventura de satisfacernos sexualmente rodeados de desconocidos. Hubo momentos embarazosos, como la vez que una mujer nos armó un escándalo, acusándonos de depravados; en otra ocasión, un grupo de chicos adolescentes nos bañaron de palomitas de maíz mientras nos gritaban porquerías.

Los fines de semana nos íbamos de picnic. Es decir, nos íbamos a los parques fuera de Nueva York para explorar la naturaleza y explorar nuestros cuerpos en nuevos territorios. Así descubrimos el placer de ser observados por otras personas mientras hacíamos el amor, desnudos, acostados en un claro en medio del bosque. Una vez, creo que en Connecticut, estacionamos el auto en las afueras de un campo deportivo y Yolanda me pidió hacer el amor allí mismo. Excitado, recosté hacia atrás el asiento del pasajero, levanté su vestido, le abrí las piernas y me dediqué a saborear su sexo en tanto ella apretaba mi cabello con tanta fuerza que mis ojos se mojaban. De pronto, ella me detuvo, y al levantar la vista descubrí a dos jóvenes que nos miraban, asombrados, desde el otro lado del cristal. Los ojos de aquellos muchachos despedían un fuego de lujuria tan intenso que me hizo sentir como el hombre más viril del universo. Yolanda debió de sentir algo parecido, porque enseguida me bajó los pantalones y me hizo que la penetrara, mientras los jóvenes nos miraban excitados y asombrados, recostados a la ventana del automóvil.

¿Era posible construir una relación estable con una mujer como Yolanda? Esa pregunta me pasó por la mente en varias oportunidades, sobre todo porque, a medida que pasaban los meses, me parecía imposible la idea de vivir alejado de Yolanda. Antes de conocerla, mi vida había sido una existencia aburrida, monótona. Una serie de idas y venidas de la oficina a mi casa y de mi casa a la oficina, con algunas paradas en casa de algún amigo, o tal vez una visita esporádica a mi familia que vive en Newark. Mis hermanas, las dos casadas y con hijos, son el ejemplo que siempre me echaban en cara mi madre y mi adorada abuela Josefina, una señora de casi ochenta años que me había criado desde los cinco años, cuando mi madre tuvo que salir a buscar empleo porque mi padre nos había abandonado. Ella, mi abuela, decía que antes de morir deseaba verme casado, encaminado con familia, pero mi mala suerte con las mujeres me había impedido cumplirle ese sueño. Un domingo, decidí visitar la casa de mi familia acompañado de Yolanda, y ella resultó tan encantadora, tan servicial y cariñosa, que dejó a toda mi familia fascinada. En el camino de regreso, no pude aguantar las ganas de pedirle matrimonio. Ella se sorprendió al inicio. Era evidente que no esperaba algo semejante. Me dijo que no podía tomar una decisión tan apresurada porque su primer matrimonio había fracasado por eso mismo, por unirse a un hombre que era totalmente diferente a ella. Me advirtió que si aceptaba, por ningún motivo iba a cambiar su forma de ser, libre y dueña de su cuerpo, y eso la verdad que no me gustó para nada, pero al fin y al cabo mi único deseo era llevarla al altar. Supuse que su forma de vivir cambiaría con el tiempo, con la vida matrimonial y, más adelante, con los hijos que vendrían.

Fue así, doctora Polo, como un año después de conocer a Yolanda, nos casamos por la Iglesia. Con mis ahorros, compré una casa en Nueva Jersey; ella se mudó conmigo y empezamos nuestra vida formal como pareja. Ya desde la luna de miel sospeché que Yolanda no cambiaría, pero mi fe en el tiempo no me dejaba ver lo ciego que me encontraba. Decidimos viajar en un crucero por el Caribe, y en el viaje hacia Miami tuvimos una fuerte discusión por su deseo incontrolable de tener sexo en el lavadero del avión. Que si era una de sus fantasías, que si de eso se trataba la luna de miel, de la aventura de ser capturados en pleno vuelo. Pero yo sólo me veía esposado y conducido por agentes de la aduana por provocar una alarma terrorista. Desde que subimos al crucero, la cosa no cambió mucho. Yolanda se pasaba todo el día hablando de los lugares en el barco que se prestaban para hacer el amor. Lo hicimos en la piscina, ya vacía en la madrugada; en la cubierta lateral, recostados en una tumbona, mientras otros pasajeros nos miraban a lo lejos. Al tercer día nos sacaron del teatro porque Yolanda se puso a masturbarme en medio de un show musical; y esa vez nos advirtieron que si volvíamos a repetir el delito nos iban a detener en custodia y entregarnos a las autoridades del próximo puerto de escala. Con ese susto Yolanda se mantuvo tranquila durante el resto de la semana, pero su carácter cambió radicalmente y no quiso tener relaciones sexuales normales, dentro del camarote, por el resto del viaje. Solamente en una escala que hicimos en Haití pude excitarla. Fue en la playa de Labadee, en donde desembarcamos una tarde. Ella quiso alejarse del resto de los pasajeros y nos ubicamos en el último espacio de la playa. No había colocado aún las toallas en la arena cuando ya Yolanda se quitaba el sostén de su bikini y entraba al agua, seguida por la mirada de un grupo de haitianos que reían divertidos contemplando los senos de mi esposa. Esas miradas de deseo clavadas en su cuerpo era lo que más la excitaban, y cuando entré al mar ella ya me esperaba con las piernas abiertas para que yo la penetrara.

Así trascurrió nuestra luna de miel. Menos mal que el regreso a la vida cotidiana le quitó un poco de energía sexual a mi esposa. Su empleo en las Naciones Unidas le exigía muchas horas de trabajo, y muchas noches llegaba a casa con asignaciones extras que le robaban horas de la madrugada. Nuestros encuentros sexuales fueron esporádicos, una o dos veces por semana, pero nunca quiso hacerlo en la cama, como era natural; siempre que lo hacíamos era en el interior del auto, estacionados en un parque, a la salida de un restaurante, o simplemente en el patio trasero de la casa donde había colocado una tumbona especialmente ubicada para el sexo. Hubo momentos en que pensé que un ojo oculto nos estaba vigilando. Hubo instantes en que sentí sobre mi cuerpo desnudo la mirada de alguien escondido, un ser anónimo, al acecho, como un animal que vigila su presa. Pero nunca recibimos queja de los vecinos, ni comentarios en el barrio. Un barrio muy decente, por cierto.

El gran cambio en nuestra relación vino cuando Yolanda descubrió que estaba embarazada. Fue una sorpresa, porque según ella, durante su primer matrimonio lo había intentado sin lograrlo, y un doctor dictaminó que necesitaba tratamiento de fertilidad. Yo estaba loco de contento, y tanto mis hermanas como mi madre y mi abuela lloraron de felicidad cuando les conté la noticia. Al fin el varón de la familia tendría su primer hijo. Mi esposa, que estaba igual de entusiasmada, aceptó pedir licencia de maternidad y dedicarse cien por ciento al cuidado de su barriga. Y eso, doctora Polo, fue la peor decisión que tomé desde que conocí a Yolanda.

Ahora que Yolanda estaba sola y aburrida en la casa, a pesar de estar embarazada, en vez de pensar en pañales y ropitas para el bebé, se pasaba los días consumiendo películas pornográficas y masturbándose con un vibrador. Yo llegaba de la calle y allí estaba ella, recién bañada, perfumada, y me llevaba para el patio de la casa porque no aguantaba un minuto más sin sentir mi pene en su interior. Ella usaba otras palabras, por supuesto, porque su vocabulario se fue ensuciando con el paso de los días. En la madrugada se despertaba con unos calentones horribles, según ella, y si yo no le hacía caso se levantaba de la cama, salía al patio y allí, a cuatro patas encima de la tumbona, se daba un vibrador tremendo ¡Pero vamos para la cama, mujer! Le gritaba yo desde la puerta, pero ella estaba convencida, como siempre, que para conseguir un orgasmo necesitaba estar al aire libre. Hubo madrugadas en que —yo como sonámbulo, muerto de sueño; ella, brincando sobre mí— hicimos el amor en la tumbona. Así fueron los primeros siete meses de embarazo. Una tarde en que llegué de improvisto a la casa, la descubrí mirando un video porno, que me llamó la atención por la mala calidad con que estaba producido. Al preguntarle de qué se trataba, Yolanda trató de cambiarme el tema, pero cuando insistí seriamente en ver el video, ella se echó a llorar como una Magdalena y me suplicó que me olvidara del asunto.

Por primera vez tuve que utilizar la fuerza con Yolanda. Ella luchó a brazo partido por evitar que yo viera ese video, pero mientras más luchaba, más convencido estaba yo de la gravedad del asunto. Finalmente logré arrebatarle el control remoto, y mientras ella gritaba y pataleaba, pude ver las imágenes en el televisor. Al principio no comprendí de qué se trataba —eran imágenes grabadas por un aficionado—, pero unos instantes más tarde, cuando me vi desnudo, de espaldas, en el patio de mi casa, penetrando a mi esposa sobre la tumbona, entendí que alguien nos había estado grabando. Corrí hacia atrás el disco y mi asombro fue en aumento. No sólo aparecíamos en la casa. También nos habían grabado en un parque, tirados en la hierba cogiendo como conejos, así parecía la imagen; también nos habían filmado teniendo sexo en el interior del auto, desde lejos, acercando el lente a la ventana del auto, donde aparecía mi esposa gimiendo de placer, mirando directamente a la cámara, sonriendo sensualmente a un espectador imaginario. Después se veían algunas tomas de Yolanda solitaria, caminando por las calles de Nueva York, cubierta por un abrigo negro. De vez en cuando, ella abría el sobretodo y dejaba ver al espectador que estaba desnuda, completamente desnuda, sin más vestido que ese abrigo negro, exhibiendo su hermoso pubis negro, sus bellos senos, siempre sonriendo a la cámara; luego la imagen saltaba hacia el interior del metro: Yolanda con el abrigo cómplice, masturbándose de la misma manera como lo hacía la noche en que la conocí. Y entonces me di cuenta, me cayó de golpe que desde que la conocí —o mucho antes de haberla conocido— había en su vida un hijo de la gran pu.. del coña.. de su madre, un enemigo oculto que grababa todas las escapadas sexuales de mi esposa Yolanda.

¿Quién es? Hice la pregunta cuando en verdad sentí ganas de matarla. Me respondió que era un amigo de su infancia, desde que vivía en Puerto Rico. El hombre que la inició en el mundo del exhibicionismo desde adolescente, el hombre que le quitó su virginidad y la convirtió en su mujer. Me confesó que lo conocía desde siempre, pero él aparecía y desparecía de su vida sin darle explicaciones, y que su único interés en ella consistía en verla lucir su cuerpo desnudo en público, verla tener sexo en público. Yo no entendía nada de lo que me estaba explicando porque mi mente se cerró como un candado; inicialmente me quedé como en *shock*, y después me sentí como asfixiado y escapé corriendo de aquella casa antes de matar a mi mujer con mis propias manos.

Esa noche vagué por las calles, pensando en una solución. ¿Cómo era posible haber vivido tanto tiempo engañado? ¿Cómo era posible que un hombre hubiera grabado encuentros sexuales con mi esposa sin que yo me percatara? De repente, un rayo de luz alumbró mi cabeza, y recordé la primera vez que vi a Yolanda en aquel tren que iba de Manhattan a Nueva Jersey. Recordé que en ese vagón había solamente cuatro personas: Yolanda, la pareja de jóvenes de espaldas a ella, el borrachín que dormía y aquel tipo vestido de ejecutivo con su laptop.

Al regresar a casa le hablé a Yolanda en tono definitivo: o me decía la identidad del hombre o nuestro matrimonio había terminado. Ella se quedó callada por unos instantes. Se secó las lágrimas que corrían por sus mejillas y, después de aclararse la garganta, me habló en tono tranquilo, sin alterarse. Me dijo que era un hombre muy importante. Que prefería morir antes de confesarme su identidad. Y lo último que me dijo fue: si te atreves a presentar una petición de divorcio, le haré llegar a tus hermanas, a tu madre y a tu abuela una copia de todos los videos donde aparecemos teniendo sexo. El tono de su voz me dejó helado ¿Quién es verdaderamente mi esposa? ¿Quién es el tipo que nos filmó teniendo sexo? ¿Es alguien tan importante como para dejarme intimidar?

Pero de lo que estoy muy seguro es que sus amenazas no fueron en vano. Lo sé por el tono en que me las dijo. Como también estoy seguro de que si mi madre o mi abuela llegan a ver uno de esos videos, se morirían de la vergüenza.

Ayúdeme, doctora Polo. Estoy desesperado, asustado. No sé si debo confiar en un abogado o delatar a mi esposa a la policía. ¿Pero no soy víctima y, a la vez, cómplice de sus fechorías?

No sé qué hacer.

Eduardo

Estimado Eduardo:

Siento decirte que recriminarme porque nunca te contesté las cartas anteriores no ayuda a lograr una buena comunicación, y mucho menos cuando insultas a mis productores porque "no saben elegir qué carta es más importante". Me parece de muy mal gusto quejarte tanto. Y déjame decirte que estás de suerte porque por poco no te contesto esta tampoco.

Pero ahora que decidí hacerlo, vayamos a tu historia. A mí me encantan los *subways* y cuando visito alguna ciudad que los tiene, siempre doy un paseíto en ellos. Después me bajo y ahí se acabó la historia. Ese, por supuesto, no es tu caso porque fue precisamente en un *subway* de Nueva York a New Jersey donde comenzó tu viaje vertiginoso hacia una extraña locura sexual.

Me cuentas que una madrugada después de una fiesta, estabas tranquilito sentado en el *subway*, que a esa hora estaba casi vacío, cuando de pronto divisaste a una mujer linda y según tú, blanquita, de aspecto fino, moviendo su mano al sur de su ombligo, para arriba y para abajo. En otras palabras, masturbándose en público. Eso ya debió ser para ti, como decimos en Estados Unidos, un *red flag*, un aviso de peligro. Pero la chica en cuestión te cautivó como un relámpago. Personalmente creo que te cautivó tanto porque eres contador, y la tuya, no es precisamente una profesión en donde abunda la sexualidad. Así que al ver aquella imagen, sexualmente provocadora, sentiste la excitación de conocerla. Te acercaste y le dijiste en inglés que la querías conocer, ella te respondió en español que te fueras a la mier... Perdóname, pero si no fuera tan patética la situación, causaría risa. Aquella madrugada te quedaste, como dice el dicho, vestido y sin fiesta. Pero quedaste obsesionado, y la obsesión, mi amigo, es fatal porque pierdes el control de tu vida diaria. Y eso hiciste.

Noches completas de insomnio, imaginándote miles de cosas, entre ellas escenas sexuales y citas románticas con aquella desconocida masturbadora del *subway*.

Gracias a Dios existe la poesía y un amigo poeta vino a salvarte. Francisco te ayudó a analizar más profundamente tu fantasía. Te explicó los secretos de la práctica de sexo en público y te aconsejó que escribieras un anuncio en *craiglist* describiendo aquella noche para ver si la encontrabas. La poesía se fue a la mier.., *craiglist* la mató. ¿Y qué pasó? ¡La encontraste! Y más milagroso aún, ella te contestó y te confesó que también recordaba aquella noche y que quería conocerte. Lo último que escribió fue su teléfono. Y tú la llamaste y aprendiste cuatro cosas de ella: que tenía tu edad, que era puertorriqueña, que se llamaba Yolanda y que trabajaba en la ONU como traductora. Cuatro datos en una sola llamada y como los números son importantes para ti, tu aburrida vida de contador cambió para siempre. Ya tenías cuatro razones para que tu vida se convirtiera en una vorágine sexual. Tu adorada Dulcinea te explicó que masturbarse y hacer el sexo en público era sumamente estimulante para ella, así que en la primera cita, ¡BUM!, se escondieron tras unos árboles, la encueraste y comenzaron a tener sexo en medio de Central Park. Podríamos llamarla, ¡la cita más romántica de los últimos tiempos!

El "romance" de ustedes transcurrió en la vía pública, en los cines, dentro del auto y así escalaron las depravaciones, convencidos que podrían excitar a los extraños que pudieran verlos. Y todo aquello fue para ti como una droga, ya no podías vivir sin ella e hiciste lo más tonto que pudieras haber hecho en tu vida: pedirle matrimonio. Lo más simpático del asunto es que tanto tus hermanas, como tu mamá y tu querida abuelita estaban felices porque Yolanda era encantadora con ellas. Las pobres, no tenían idea de la clase de mujercita que habías escogido como esposa y futura madre de tus hijos.

Pero hagamos una pequeña pausa y seamos justos. Yolanda no aceptó de inmediato tu proposición porque te dijo que no pensaba dejar su estilo de vida sexual, te dijo claramente que ella nunca iba a cambiar, que era libre y dueña total de su cuerpo. El por qué no te mandaste a correr a miles de millas de distancia después de aquellas palabras, es un verdadero misterio para mí. Ni qué decir de tu idea de que el tiempo y el matrimonio la harían cambiar. QUÉ

INGENUO. En la mismísima luna de miel ya te estaba dando problemas queriendo tener sexo en el lavadero del avión que los llevaría a Miami para su viaje en crucero. Y después, ya en el barco, ningún lugar estaba a salvo: Yolanda quería tener sexo en la piscina, en la cubierta lateral y hasta los sacaron del teatro porque ella comenzó a masturbarse en medio de un show musical.

Me cuentas que al regresar a casa comenzó a disminuir la vida sexual de ustedes porque tu esposa tenía mucho trabajo en la ONU, y que las pocas veces que lo hacían nunca era en la intimidad de tu cuarto o tu cama. Como de costumbre, siempre afuera.

Y entonces sucedió lo esperado, Yolanda quedó embarazada. Tus hermanas, tu madre y tu abuelita lloraron de alegría y tu mujer pidió permiso en su trabajo para quedarse en casa. Y allí, sola y aburrida, en vez de pensar en ropitas para el bebé, se pasaba los días mirando películas pornográficas y cuando tú llegabas a casa, su calentura era tanta que de tanto sexo, por poco te mata de un ataque cardíaco. Quizás fuera que las hormonas, gracias al embarazo, las tenía alborotadas pero esa mujer llegó a ser un peligro para tu salud. Dices que por las madrugadas, mientras tú dormías, ella se iba al patio y se ponía en cuatro patas con un vibrador. Sinceramente no puedo ni pensar en esa imagen tan grotesca. ¡Una mujer en cuatro patas, con una inmensa barriga y un vibrador! Y tampoco puedo pensar en tus pobres vecinos. Tal vez creían que el ruido del vibrador era una gata en celo, la gente suele ser muy imaginativa.

La última gota que rebasó tu vaso no fue el vibrador, sino el video pornográfico que tu mujer estaba viendo cuando un día llegaste de la calle. Ese video parecía viejo, hecho en casa y cuando quisiste verlo, ella te lo impidió. Me imagino lo histérica que se puso que hasta tuviste que utilizar la fuerza para que te lo diera. Y allí estabas tú, como la estrella del video, encuero, en pelotas, con tus nalgas al aire libre, haciendo sexo con tu mujer en todas partes, penetrándola en autos, bosques, cines y gasolineras. Te habían grabado en todas partes sin tú saberlo. Y qué decir de otras tomas más artísticas que serán la envidia de Spielberg... En esas estaba Yolanda sola, masturbándose en el tren, caminando por las calles de New York, abriéndose el abrigo y enseñando su cuerpo desnudo. Pero el director del video no era Spielberg, era el supuesto amiguito de la infancia de Yolanda. El hombre que la inició en el mundo del exhibicionismo, el que le quitó su virginidad. Según Yolanda, su único interés era verla desnuda y verla teniendo sexo en público. Ella era su cómplice y tú... tú eras el conejito de indias.

A pesar de tus amenazas, Yolanda no quiso decirte cuál era el nombre de ese hombre, sólo te dijo que era muy importante y que si tú lo exponías, podría haber terribles consecuencias. También te aseguró que si le pedías el divorcio, ella le iba a enseñar el video a tus hermanas, a tu mamá y a tu pobre abuelita. Mmmmm... ahora hasta yo estoy curiosa. ¿Será uno de esos hombres "importantes" de la ONU? Tú sabes, uno de esos corruptos que ya están globalizados.

Y ahora vienes a pedirme un consejo. Me dices que estás desesperado, asustado, que no sabes si delatar a tu esposa. ¿De qué la vas a delatar? Tú hiciste todas esas porquerías con ella, ¿recuerdas? Tú estás filmado haciendo el ridículo y moviendo las nalgas en el auto, el cine, los parques... lo único que te faltó fue que te grabaran debajo del agua, y es porque Yolanda, como buena exhibicionista, seguramente no estaba interesada porque debajo del agua sólo la verían los pececitos.

Lo único que te puedo aconsejar es que hables con un abogado para pedir el divorcio y la custodia del hijo que está por venir. No sé si ganarás la custodia, pero tienes que hacer todo lo que esté a tu alcance para que tu hijo se críe contigo y con tu familia. No es que tú seas una maravilla, pero creo que la pervertida es ella. El comemier.. eres tú.

Preguntas, ¿quién tendría ganas de ser penetrada sexualmente en medio de una reunión de la ONU? ¿A quién le gustaría recibir sexo oral en el Vaticano? Sabes la respuesta. Y cuidado, que ahora en el Vaticano hay un Papa latinoamericano que, como Yolanda, también habla español y le podría decir, lo que ella un día te dijo en el *subway*: ¡Vete a la mier..!

Pero un Papa nunca diría eso.

Dra. Ana María Polo

Crank

Doctora Polo:

Ahora que estoy bajo los efectos de *mi preciosa*, ahora que puedo pensar con lucidez y recordar los últimos meses de mi vida, quiero enviarle esta carta para que usted la tenga en su poder en caso de que yo no sobreviva el tratamiento que voy a comenzar mañana. Es un tratamiento para quitarme la adicción que padezco por *mi preciosa*. Después de sufrir días de depresión y luego euforia, al fin voy a internarme en un centro de rehabilitación de drogas. Voy a sacarme del cuerpo la adicción que tengo por el crank, esa droga maravillosa pero maldita que cambió mi vida de repente, transformándome en la mujer más inteligente, sensual y atractiva que he conocido en mi vida, pero que también me ha llevado a pasar los momentos más terribles de mi vida. Yo la llamo *mi preciosa* porque cuando estoy bajo su efecto me siento la reina del mundo. La diva de las divas. Ella me lava la mente de todo el lodo acumulado en mis veinticuatro años de vida, de toda la mierda que he vivido desde que nací, dejándome las ideas lavadas de toda suciedad; y entonces veo el mundo claro, transparente, y lo comprendo todo, y quiero sentirlo todo, y no hay hombre que me haga infeliz, ni macho que me dure cinco minutos en la cama.

Me llamo Gaby Preciado, soy mexicana, natural de Saltillo, México, y aunque usted no lo crea, me faltó tantito para graduarme de comunicaciones en la Universidad Autónoma de Coahuila. Vengo de una familia pobre de cuatro hermanos varones; todos son unos delincuentes hijos de la chin.... y no se sabe cuál de ellos es el peor. Nacieron torcidos, malos desde la cuna, con los genes del maldito diablo de mi padre. Desde niña me trataron como el trapo de la casa al que todos usan para descargar su saña y sus rencores. Mis hermanos me golpeaban, me maltrataban por cualquier cosa, y cada vez que mi madre se quejaba con mi padre, el muy ca.... le respondía que para eso nacieron hombres. Una vez, el más grande de mis hermanos estuvo a punto de violarme. Yo tenía doce años. Había salido de la regadera envuelta en la toalla y el muy hijo de pu.. me arrancó la toalla y me empujó encima de la cama. Entre codazos y rasguños, le metí una mordida en la oreja que todavía se le nota el trozo medio colgando. Aguanté toda mi infancia y adolescencia, contando los días y los meses para que llegaran mis malditos dieciocho años, estudiando mucho, tratando de diferenciarme de los animales de mis hermanos, quienes dejaron la escuela en primaria y mi padre los metió a trabajar para que no se pasaran el día robando o metidos en la cárcel. El mismo día que cumplí la mayoría de edad, desaparecí de la vida de mis padres y de mis hermanos. Hace siete años que no los veo, y tampoco me interesa. Por chismes me enteré que a dos de mis hermanos los mataron por el rollo de las drogas, y la verdad que me alegré, porque así no le harán más daño a gente inocente.

Cuando me fui de casa renté un departamento con Lucía, una amiga de la preparatoria. Juntas entramos a la universidad y juntas empezamos a trabajar como meseras en un club nocturno. Con ese empleo pude costearme los estudios y vivir honestamente, sin pasar necesidades. Pasé los primeros años de universidad trabajando duro y estudiando más duro todavía. De día estudiando y de noche trabajando. Pero mi mente y mi cuerpo se fueron agotando poco a poco, hasta que una noche me desplomé en medio del antro. Me llevaron al hospital, donde un doctor me diagnosticó que estaba muy estresada, que necesitaba cambiar mis hábitos porque mi mente estaba a punto de fundirse como un foco. Salí del hospital más estresada de lo que había entrado ¿Cómo cambiar mis hábitos? No podía dejar los estudios. Tampoco el trabajo. Mucho menos regresar al nido de víboras donde nací. Recuerdo que estuve depresiva durante cuatro días. Al quinto, apareció mi amiga Lucía acompañada de un chavo apodado El Chato. Era morenito, de mediana estatura, bastante atractivo, tenía un golpe en la nariz desde niño y por eso llevaba ese apodo. Ella lo había conocido en un antro, y llevaban como un mes saliendo juntos. Nos sentamos a tomar tequila y a escuchar música. Y fue entonces, doctora Polo, cuando tuve el gran honor de conocer a *mi preciosa*.

El Chato me dijo: huele esto y verás que el pasado ya no importa. Huele esto y verás que tu vida será distinta. No más estrés, no más preocupaciones ni dolores de cabeza. Aquí está el crank para convertir en posible lo imposible. Y así mismito fue, doctora Polo. Al oler aquella cosa sentí cómo mi mente se abría totalmente a nuevos horizontes. Por mi mente pasaron imágenes que nunca había imaginado; todo me parecía más comprensible. Era como si Dios te hablara al oído y te dijera: esta es la vida, hija mía. Recordé de repente todas las preguntas que había fallado en un examen, el día anterior, en la universidad. Sentí ganas de correr, de saltar bien alto encima del sofá, de lanzarme por el balcón y volar por todo el cielo de Saltillo. Todo eso hice menos lanzarme a volar, porque el crank te da energías pero no alas. Y después, cuando mis amigos me calmaron y El Chato me acarició los muslos, mi cuerpo se estremeció en un latigazo de placer. Sin darme cuenta, ya tenía las piernas abiertas de par en par y sus dedos entraban y salían de mi sexo. Por primera vez sentí lo que llaman placer sexual. Verdadero placer. Tuve dos orgasmos seguidos pero mi deseo no paraba. Me llevé a El Chato para mi cuarto, le arranqué el pantalón y me encaramé sobre su ver... Allí tuve otro orgasmo a gritos, y si no llega a ser porque Lucía lo echa de la casa, creo que me hubiera pasado todo la noche bailando encima de su ver...

Lucía y El Chato se fueron al amanecer pero dejaron un poco de crank encima del televisor. Me volví a meter otros pases durante varias horas. Esta vez, sin nadie con quien descargar, me sentía como presa entre cuatro paredes. El cuerpo me pedía acción y yo no sabía cómo complacerlo. Traté de masturbarme con un consolador de Lucía pero me pareció estúpido y aburrido. Puse música rock en el estéreo y bailé por no se cuánto tiempo y tampoco me cansaba. Seguía con el cuerpo cargado de energía y con la mente alocada. Pensé entonces en la universidad, y luego de buscar todos mis libros y libretas, hice tres proyectos consecutivos sin detenerme, con un enfoque y una claridad de ideas que nunca antes había podido lograr. No recuerdo en qué momento mis energías se acabaron. Amanecí dos días más tarde en el suelo de la sala, en bikini, encima de un charco de orina, con un dolor de cabeza terrible y con el cuerpo tan pesado que sólo tuve fuerzas para echarme un regaderazo y acostarme en la cama.

Me desperté en la noche. Estaba sedienta, con un hambre de perros, pero todos los dolores se habían evaporado de mi cuerpo. Esa misma noche cené con Lucía en un restaurante y ella me contó que se había hecho amiga de El Chato porque el chavo le daba crank gratis a cambio de salir con él y acostarse de vez en cuando. Me dijo que El Chato era buena gente, amable, divertido y nunca había abusado de ella. Desde que lo conoció, estaba usando a *la preciosa* durante los exámenes y los fines de semana, y su vida había cambiado radicalmente. Decidí entonces seguir los pasos de mi amiga. Nada de celos ni rivalidades por El Chato. Nada de pelear por un chavo si las dos podíamos compartirlo como habíamos compartido todo hasta el momento. A partir de ese día, El Chato fue nuestro amante, y lo más importante, nuestro abastecedor de crank.

No quiero alargar mucho esta carta, doctora Polo. Sólo le diré que en los meses siguientes mi vida dio un enorme acelerón en todos los sentidos. Primero empecé a usar un poco de *mi preciosa* cada vez que tenía algún examen. El enfoque era total. La mente se me abría como un manantial y las ideas caían en el papel sin siquiera exprimirme demasiado el cerebro. Luego, los sábados en la noche, salíamos los tres a divertirnos y con el impulso de *mi preciosa* nos pasábamos la noche bailando, riendo sin parar, eufóricos en el antro, y después en la cama del apartamento. El Chato nos daba todo lo que queríamos de crank y nosotras le dábamos todo lo que quería de placer. Podíamos pasar horas chupando su ver.. sin cansancio, o arrodilladas en la alfombra teniendo sexo anal sin sentir el más mínimo dolor. Como El Chato era tremendo macho, también se atragantaba con el crank y tenía energías para chin..... a un ejército de mujeres. Al día siguiente no servíamos ni para bajarnos de la cama, con un dolor terrible en el trasero y entre las piernas, pero con muchas horas de sueño y buena alimentación íbamos recuperando poco a poco la energía que perdíamos con *la preciosa*.

Fue la época más alucinante de mi vida. En unos pocos meses había hecho y experimentado más cosas que antes de conocer a *mi preciosa*. Pero como todo lo bueno se acaba, un lunes amanecí con la noticia de que El Chato fue acribillado a plomazos por un traficante enemigo. Lo vi en un noticiero de la tele, recostada en la cama, y recuerdo que sin darme cuenta empecé a llorar. Lloré por El Chato, porque le agarré cariño, pero también lloré porque me di cuenta, en ese momento, que mi vida estaba jodida por completo. Desde ese momento en adelante fui cayendo poco a poco en un abismo de perdición. Como era de esperar, mi cuerpo estaba adicto a sentir el crank corriendo por las venas. No podía concentrarme en los estudios y empecé a fallar en los exámenes. Desde que me despertaba hasta que me acostaba sentía una comezón intolerable por todo el cuerpo, como un ejército de hormigas pidiéndote que le alimentes con *la preciosa*. En las madrugadas no dormía, acosada por terribles pesadillas. Mi amistad con Lucía se deterioró a tal punto que una vez estuve a punto de clavarle un cuchillo de cocina. Esa misma noche mi amiga se fue del departamento y hasta la fecha desconozco su paradero. Una vez que ella se largó, perdí la vergüenza de salir a conseguir crank a cualquier precio. No tuve que ir muy lejos. En uno de los antros en donde íbamos con El Chato me tropecé con un vendedor que parecía buena gente. Era joven, con aspecto de pandillero. No recuerdo ni su nombre. A cambio de sexo dentro de su Mustang, me dio una buena dosis de *mi preciosa*. Gracias a ese intercambio pasé varios días aliviada, pero encerrada en mi casa, sin hacer otra cosa que pensar qué hacer cuando se me acabara la dosis.

Dejé de ir a la universidad por dos meses, y al tercer mes descubrí con horror que estaba embarazada. No tenía la menor idea de quién era el padre. Tal vez El Chato o quizá el hijo de pu.. del Mustang. El tipo me ayudó durante varios meses, pero luego se aburrió de mí porque, según él, le daba un poco de asco penetrarme y ver cómo crecía mi barriga de embarazada. La última vez que nos vimos me hizo el amor dentro de su auto, yo encima de él, incómoda por la panza, y de pronto se enfureció y me sacó a patadas de su coche. Me dijo que apestaba, que parecía una pinche vieja porque me oriné mientras me cogía dentro de su nuevo Mustang. Esa noche, al llegar a casa, me dio por abortar, por sacarme a golpes la criatura que tanto me molestaba, pero no sé si era que ya no tenía fuerzas, porque me golpeé la panza una y otra vez y sólo conseguí caer muerta de cansancio.

Así estuve varios meses; seis, tal vez siete. La barriga crecía y yo buscando crank y acostándome con el que me lo pagara. La verdad, no me importaba. Me importaba *mi preciosa*. Mi hijo en la panza, y yo buscando *la preciosa*. Me acosté con tres malandros una vez y me dieron para un rato. No recuerdo cuándo fue aquello.

Estoy confundiendo mis palabras.
No tengo más Crank porque me lo acabo de oler todo.
¿Dónde estás, *preciosa*?
Si no termino bien esta carta, afuera tiene mi dirección.
Mi preciosa.
Por favor, quiero saber qué fue de mi hijo.
Me vienen a buscar.
Prefiero sacármelo de las entrañas con este gancho.
Quieren que entregue en adopción a mi bebé.
No lo voy a hacer. Voy a sacármelo para que no conozca este infierno.
Lo voy a hacer.

Pero no quiero encontrarlo cuando salga. Si sobrevivo.

Tengo ganas de llorar.

Tocan a la puerta.

Ya abro, hijos de la chin.....

Me van a internar esta noche.

Dios mío. Me duele mucho.

Dice que lo quiere salvar.

Ya abro, les dije...

Mi querida Cranky:

Wow, wow y wow. Felicidades. Muy pocas veces una adicta al crank es capaz de escribir dos o tres frases coherentes y tú has logrado lo imposible, más que una carta, has escrito un manifiesto de horror en el que describes la maldad de tu familia, alabas a delincuentes, glorificas las drogas, confiesas tus ganas de matar con un cuchillo a tu mejor amiga y, para cerrar con broche de oro, cuentas que quieres sacarte con un perchero al hijo que se forma en tus entrañas. Tu cuento es tan aterrador como la historia de Cenicienta y Blanca Nieves, y aunque no tiene magia, está bastante bien escrito. Sin embargo, en tu maravillosa diarrea literaria te faltó algo muy importante: pedir consejo. No te preocupes, yo te lo daré de todas formas.

Vamos a comenzar por el principio. Me dices que naciste en una casa pobre. Bienvenida a una gran parte de la población mundial: más de 1300 millones de personas en los países en desarrollo viven en la pobreza. La pobreza es más popular que la Coca Cola, así que en realidad, no la puedes usar como excusa válida para la vida que escogiste. La razón tal vez tenga que ver con haber crecido en una familia disfuncional, con un padre "diabólico", unos hermanos delincuentes, física y sexualmente abusivos, y una madre débil, incapaz de defenderte. No es precisamente un buen comienzo, pero te tengo una mala noticia, a pesar de las circunstancias de la vida, todos, absolutamente todos, somos responsables de lo que hacemos con ella.

Tú tuviste el coraje de largarte de ese infierno a la edad de 18 años y ponerte a estudiar y a trabajar. Tuviste la claridad y la valentía de luchar por una vida mejor y estabas a punto de graduarte de Comunicaciones en la universidad. Encomendable, pero ¿qué hiciste cuando las cosas se pusieron difíciles? Escogiste mal. Te empataste con Lucía y Chato, dos personajes que, eventualmente, destruirían tu vida. Me imagino que al estar acostumbrada a vivir entre la porquería, escogiste la porquería para seguir tu camino. ¿Es tu culpa? No y sí. ¿Confundida? Te explico.

Aunque tal vez no tengas las herramientas que poseen los que han logrado crecer en un hogar funcional, tú tienes la experiencia para poder reconocer a la gente que no vale un comino. ¿Por qué? Porque creciste entre ellos. Sabes cómo actúan. Tu amiguita Lucía y el famoso Chato, tu abastecedor de drogas, son personajes dominados por las drogas y la promiscuidad. Y en vez de huir de ellos, te metiste de lleno a seguirlos en el camino hacia la autodestrucción. Oh y otra cosa, eso de ponerle el nombre de "Preciosa" a una droga que ha destruido a tanta gente y ha endemoniado a tanta juventud, no es gracioso, es simplemente patético. Tú te enviciaste a sabiendas de que era perjudicial para ti. Y ahora te pregunto, ¿dónde están tus compañeros del vicio? Lucía desaparecida, El Chato muerto a balazos, y el hombre que te embarazó ni siquiera tiene nombre porque no tienes memoria de él.

Una cosa es cierta, a pesar de todo tu dolor y todos tus errores y, perdóname, toda tu estupidez, puedes considerarte afortunada porque ahora tienes la oportunidad de entrar a un centro de rehabilitación de drogas y salir de toda la porquería que ha sido tu vida. Tienes una segunda oportunidad para redimir tu vida. No todos tienen esa suerte. Muchos terminan seis pies bajo tierra y otros terminan pudriéndose en la cárcel.

El final de tu carta es inconcluso, no sabemos si diste fin a tu embarazo con el famoso perchero o si todavía estás esperando un hijo. Pero una cosa está clara, tú y sólo tú, eres la dueña de tu destino, sólo tú puedes recuperar a la chica que está en ti y que a los 18 años se atrevió a buscar un mundo mejor. Tu infancia y adolescencia fueron una pesadilla, también lo fueron tus años como adulta, pero tú puedes cambiar ese destino: tú puedes sentirte una mujer fuerte, linda y poderosa a través del estudio, del trabajo, de las buenas acciones y de la constancia. El Crank es pura ilusión.

Te deseo lo mejor del mundo. La esperanza existe, no la pierdas.

Dra. Ana María Polo

Facebook / Éxtasis

Estimada doctora Polo:

Primeramente quiero felicitarla por su programa, *Caso cerrado*. Llevo muchos años escuchando hablar de usted, pero como nunca pude verlo en las tardes, ahora que lo pasan a las siete de la noche fue que pude comprender la razón de tanto éxito. Entiendo que es una persona muy ocupada, y por ese motivo seré lo más breve posible. Me llamo Salvador, soy de origen mexicano, y tengo sesenta años. Hace dos meses atrás fui abandonado por mi esposa Raquel. Después de diez años de matrimonio feliz, un buen día mi mujer me confesó que ya no me quería, que estaba enamorada de otro hombre y que quería el divorcio. Ese hombre era un exnovio de su adolescencia, con quien se había reencontrado en las páginas de Facebook. Yo le supliqué que lo pensara por un tiempo. A veces, uno toma decisiones desesperadas, y estaba dispuesto a perdonarle su engaño. Le recordé que días antes de la boda, en el acuerdo prenupcial que firmamos, había un segmento en donde se explicaba, con detalles, que si ella cometía adulterio, perdía todo su derecho a recibir pensión de mi bolsillo, y además, tampoco tendría derecho a ninguna de mis propiedades, incluyendo la casa que compramos durante el matrimonio. Como respuesta, Raquel explotó furiosa. Me dijo sinvergüenza, viejo verde, malnacido, tacaño; en fin, me calificó con los adjetivos más ofensivos en lengua española. Yo traté de calmarla, de arreglar de manera civilizada el conflicto, pero ella no quiso escucharme. Recogió sus cosas como si se fuera en un crucero por el Caribe y salió de mi casa con el propósito de nunca volver.

Los primeros días sin ella fueron terribles. Imagínese, doctora Polo, que yo conocí a Raquel en una época muy dura en mi vida. Recién divorciado de mi primera esposa, me encontraba como perdido en el mundo, sin ganas de vivir, sin deseos de trabajar. Una tarde que nunca olvidaré, apareció una chica de 35 años en mi oficina buscando empleo como secretaria y mi vida se iluminó nuevamente. Raquel no sólo se convirtió en mi asistente personal, sino también, meses más tarde, en mi esposa y dueña de mi vida. Al ella marcharse, mi vida volvió al hueco sin sentido en el que estaba antes.

Para mi gran sorpresa, Raquel regresó a los dos meses de haberse marchado. Regresó con la piel doradita por el sol, más hermosa que nunca, con trenzas en su cabello y una docena de collares colgando de su cuello. Regresó con todas sus maletas pues había gastado todos los fondos de sus tarjetas de crédito en unas vacaciones por el Caribe. Me sentí aliviado al verla entrar a la casa, y pensé por unos instantes que lo nuestro tenía solución. Pero Raquel venía con otras ideas en su cabeza. Lo primero que hizo fue abrir una maleta y sacar una copia del acuerdo prenupcial que firmamos antes de la boda. Con una sonrisa de victoria en sus labios, me explicó que el acuerdo prenupcial también decía que en caso de divorcio, los dos podíamos vivir en la misma casa hasta que fuera vendida. De esa manera, Raquel y yo empezamos a vivir separados bajo el mismo techo.

Gracias a Dios he ido superando poco a poco el sufrimiento de vivir cerca de la mujer que amo sin poder abrazarla ni acariciarla. En estos momentos estoy en los trámites de divorcio, y estoy luchando porque Raquel no se quede con un centavo de mi patrimonio. Ni con dinero de mis cuentas bancarias. Ni con ninguna de mis dos propiedades. Quiero hasta quitarle el coche en que se mueve. Pero para conseguirlo, necesito probar ante el juez todos los engaños, todas las mentiras y todas las estafas a las que fui sometido por Raquel. Y allí es donde necesito su ayuda. Yo sé cómo probarlo. Sólo me falta el mecanismo para llegar a esas pruebas. Me explico.

Durante las primeras semanas de tristeza y desconsuelo, buscando en la computadora de Raquel, encontré su página de Facebook. Fue en ese lugar donde descubrí su verdadera personalidad. En su colección de fotos no aparecía mi imagen por ninguna parte. Eran fotos de Raquel en clubes nocturnos, bebiendo licor, abrazada a chicos casi adolescentes, besándose con algunos, tomando pastillas y haciendo gestos obscenos. Había fotos de ella en bikini, en la playa, con chicas y chicos mucho menores que ella. En una, un joven musculoso le daba un masaje mientras ella sonreía a la cámara. Imagínese, doctora Polo, ¿cómo podía yo competir contra eso? Yo, un hombre de sesenta años, viviendo con una mujer que se acostaba con chicos y bailaba empastillada de éxtasis.

Lo peor de todo eran los comentarios de sus contactos en su muro, bajo las fotografías: *Te adoro mi Raqui; Ayer la pasamos padrísimo; Extraño tu cuerpo; ¿Cuándo repetimos el trío? ¿Te rapaste la panoc...? ¿Ya te colgaste el arito en la pano...?* En un comentario había una mujer que le recordó su cumpleaños. Como respuesta, Raquel había comentado: *Ni me recuerdes. Hoy en casa con el viejo ogro.* Era evidente que se refería a mí, porque en muchos de sus pensamientos escribía: *¿Qué voy a hacer? ¿Hasta cuándo el suplicio?* O en otras aparecía: *Dios, dame valor para terminar con esta pesadilla.*

Después de descubrir esa página, me pasé muchos días bajo una intensa depresión. En el negocio parecía un zombi. En las noches, al llegar a casa, bebía una taza de té y me acostaba a dormir, tratando de no cruzarme con Raquel, quien llegaba casi siempre de madrugada. Y fue precisamente en una de esas madrugadas cuando descubrí que mi esposa había perdido totalmente el control. Primero escuché risas de chicos adolescentes; más tarde, gemidos de Raquel. Preocupado por su salud, pegué la oreja a la pared, y entonces me di de cuenta de lo que pasaba: mi esposa estaba haciendo el amor con los dos chicos. Me dieron ganas de salir del cuarto y echarlos de la casa, pero logré calmarme, pues desde niño aprendí que aquel que pierde los estribos, termina perdiendo la batalla.

Los días pasaron, y a medida que pasaban, Raquel perdía lo poco que tenía de vergüenza. Para no alargar mucho esta carta, le cuento que de tríos con jóvenes casi niños, las fiestas se han transformado en orgías. Cada sábado, religiosamente, Raquel celebra fiestas en el patio de la casa, alrededor de la piscina. Fiestas que empiezan como cualquier celebración alegre y familiar, pero que terminan con todos los asistentes desnudos, teniendo sexo como conejos en cualquier rincón del patio, ya sea en el pasto o dentro de la alberca. Amanecen como Dios los trajo al mundo, dormidos de borrachera, tapados con cobijas o toallas. Dejan por todas partes los condones usados y las pastillas esas que toman para el sexo. En una ocasión, me pegué un susto de infarto al entrar al baño y tropezar con una mujer que estaba acostada en el suelo, pálida y desnuda. Pensé que era un cadáver, pero ella se despertó, y como si nada, pidió disculpas y salió desnuda del baño.

Siguiendo las huellas de mi esposa por Facebook, descubrí que utiliza la red social para atraer jóvenes a la casa de una manera bastante original. En un anuncio escribió que buscaba chicos y chicas mayores de edad, interesados en grabar películas para adultos. Llevado por la curiosidad, el sábado siguiente salí de mi refugio sagrado y avancé a escondidas hasta el patio, mezclado con el grupo de pervertidos. Como era de esperar, había mucho sexo. En una tumbona, mi esposa le hacía sexo oral a un hombre, mientras en la alberca una rubia estaba siendo penetrada por un negro grande y musculoso. Era la cosa más asquerosa del mundo. Y todo el mundo, como si nada estuviera pasando. La gente me miraba sin mirarme, como si yo fuera transparente, como si estuviera pintado en la pared. Pude ver de todo menos cámaras de vídeo, de modo que pienso que el anuncio de mi esposa es totalmente falso. Bueno, al menos que haya cámaras escondidas y hasta termine yo de tonto saliendo en una película de esas.

Una noche mi indignación fue tan grande que agarré el teléfono para llamar a la policía, pero al escuchar la voz de la operadora, colgué. Lo que sí hice fue salir al patio, caminar a paso rápido hasta donde estaba mi esposa y decirle pu.., asquerosa, zo... sinvergüenza, ojalá y te dé gonorrea, sífilis y sida juntos. Te voy a dejar en la calle. De todo le dije. Y ese fue un grandísimo error: al día siguiente, no pude entrar más a su página de Facebook. Estuve intentándolo por varias horas, escribiendo y combinando nombres con fechas de nacimiento, nombres de sus mascotas y hasta de su hermana y sus padres, pero no pude adivinar su contraseña.

Llevo días quebrándome la cabeza, pensando de qué manera acceder a esa página de manera legal, sin comprometer mi caso de divorcio. No quiero consultar con el abogado que me representa en mi petición de divorcio porque el buen hombre es un excelente jurista pero le falta picardía e imaginación. Tengo temor de que el muy ingenuo pida una orden al juez, y éste, al consultar con el abogado de mi Raquel, descubra mis intenciones y ella desaparezca de su Facebook todas las evidencias a mi favor. Son pruebas clarísimas y sólo una persona como usted, acostumbrada a enfrentarse a casos tan modernos y complejos, podrá darme un consejo útil. Comprendo que sus compromisos no le dan tiempo para ocuparse de todas las peticiones que le llegan, pero si no puede representarme, al menos le agradecería una respuesta por escrito ¿De qué manera puedo acceder legalmente a la página de Facebook de mi esposa? ¿Qué pasa si ella borra toda la evidencia? ¿Puedo solicitar a la empresa de Facebook que revele esos archivos?

No quiero llamar a la policía y sacar a mi esposa de la casa, porque así sí voy a perder mi caso. Me imagino que al terminar de leer esta carta usted pensará que soy un hombre miserable. Pues se lo digo de corazón: estoy viviendo un infierno. Y le aconsejo algo: mientras esté leyendo las cartas, pregúntese si usted de verdad es feliz. Si es honesta, estará de acuerdo conmigo.

Gracias por su atención, y le deseo que continúe cosechando éxitos en su carrera.

Atentamente,

Salvador Nieto

Estimado Abandonado:

Gracias por ser un fan de mi programa, te lo agradezco muchísimo y es por eso que no voy a tener pelos en la lengua para contestare. Tú mereces la verdad.

Dices que tienes sesenta años. A los sesenta años se experimentan muchas cosas nuevas, entre ellas está la artritis, la falta de memoria, los problemas con la vista, etc. Pero también los sesenta es una edad en la que supuestamente acumulamos sabiduría, en la que aprendimos a detectar la verdadera naturaleza de la gente. Ya a esa edad se sabe quiénes pueden darnos paz y quiénes son un peligro ambulante. Me da la impresión que tú no aprendiste nada. Después de tu primer divorcio conociste a una mujer de treinta y cinco y la convertiste, según tus palabras, en "dueña de tu vida". *Helloooo*. ¿Qué clase de porquería es esa? ¿A quién se le debe dar tanto poder? Nadie, absolutamente nadie, debería tener ese tipo de control sobre nosotros. Te aclaro, el hecho de que Raquel, tu segunda mujer, te abandonara después de diez años de matrimonio y te pidiera el divorcio, es algo que le pasa a millones de personas. Las estadísticas de divorcio son alucinantes y, para bien o para mal, ya el divorcio es parte de nuestra vida moderna. Te sucedió a ti y verdaderamente lo siento. Pero más siento la forma en que ella lo hizo, humillándote, diciéndote que ya no te quería y que estaba enamorada de un exnovio que reencontró en Facebook. Tu mujer no es precisamente una dulce damisela llena de sensibilidad. Tu mujer es una víbora. La damisela en este caso eres tú.

Eso de estarle suplicando y decirle que la "perdonas" y recordándole un acuerdo prenupcial que firmaron años atrás, es vergonzoso. Tú eres un hombre y tienes bolas. Úsalas. No hay mujer que admire a un hombre tan débil, tan necesitado. Además, Salvador, esa mujer te insultó, te llamó viejo verde, sinvergüenza, mal nacido, tacaño y para colmo, se largó al Caribe con su ex. No entiendo cómo te sentiste aliviado cuando ella regresó doradita por el sol y por qué pensaste que la podrías recuperar. Yo en tu lugar la hubiese cogido por el cuello. Por supuesto, digo esto figurativamente, pero es lo que ella se merecía. Tú, en tu fantasía, no pudiste ver que ella regresó solamente para restregarte en la cara que el acuerdo prenupcial que firmaron hace años dice que tiene derecho a vivir en la misma casa contigo, antes que ésta sea vendida. ¡Bingo! Ahí la tienes, gozando de la casa que tú seguramente compraste, sin poder tocarla y obligado a ser testigo de las orgías que ella tiene con jovencitos. Esa mujercita tuya se las trae.

Raquel no es una mujer que dejó de amar a su marido. Eso se puede entender y disculpar porque el amor a veces se acaba. Raquel es una bandolera, una mujer sin escrúpulos que utiliza el Facebook para seducir a adolescentes hambrientos y preparar orgías, empastillada con éxtasis. Después de las orgías en tu casa y de verla teniendo sexo oral con chicos, ¿todavía te sientes triste? ¿Eres tonto o te haces? Lo que deberías estar es enfurecido. Tu mujer está utilizando tu casa para tener orgías con jóvenes, ¿sabes tú la edad de esos chicos? ¿Sabes si son menores de edad? Si encuentras que aún no cumplen la mayoría de edad, no sólo podrías sacar a Raquel de tu casa sino que la podrías meter directo a la cárcel, el único "hotel" donde esa mujer merece dormir. Mi consejo es este: en vez de pasarte la vida aceptando toda esa perversión, utiliza el tiempo para investigar en realidad la edad de esos chicos y para llamar a la policía cada vez que esa bruja haga sus famosas orgías.

Olvídate de entrar a Facebook, no te obsesiones con el hecho de que ya no tienes acceso a la página de Raquel, ya tú sabes lo que hay ahí, y obsesionarte sólo te está quitando energía. Si puedes acusarla de depravación sexual con menores, el juez se encargará de revisar su página de Internet. Ya sabes que ella utiliza la red social como un vehículo para pervertir a jóvenes e insultarte, llamándote viejo ogro. Si eres inteligente, esa bruja se ahorcará con su propia soga. Pero tienes que avivarte. Es simplemente patético que en varias ocasiones has querido llamar a la policía para condenar las orgías en tu casa pero siempre terminas colgando el teléfono. También es sumamente ridículo que sigas pagando un abogado al que no puedes consultar porque le falta picardía e imaginación. ¿Eres bobo o te haces? Avívate, por Dios. Es hora de que cambies de abogado, preferiblemente uno que se especialice en abuso doméstico, porque tu mujercita te está abusando a más no poder y se está burlando abiertamente de ti.

Págale a un investigador privado para averiguar la edad de los chicos que tienen sexo con tu querida mujercita y, por último, busca ayuda psicológica para que puedas manejar inteligentemente esta etapa dolorosa de tu vida. Raquel merece quedarse en la calle, sin ninguna de tus propiedades y sin el coche, pero para lograrlo, tienes que actuar como un hombre de tu edad. Tienes que actuar con sabiduría. Empieza ahora mismo. Tú eres un hombre bueno, termina con este infierno. Recuerda que de los cobardes no se ha escrito nada.

Mucha suerte, tú te la mereces.

Dra. Ana María Polo

Tarot / Alzheimer

Querida doctora Polo:

Hace días que estoy pensando en escribirle esta carta. Si no lo hice antes, fue por no pelearme con mi marido, pero la situación con mi suegra ha llegado a tal extremo que recurro a su sabiduría con tal de no divorciarme o, lo que es peor, empujar a mi suegra por las escaleras de la casa. Quizá mis palabras le suenen a las palabras de una loca, y puede ser que así sea, ya que mi suegra me está llevando a perder la cabeza.

Me llamo Sofía Mazzini, soy hija de argentinos, nacida y criada en Los Ángeles. Llevo casada quince años con Santiago, mi único marido, también argentino, y tenemos dos hijas. Mi vida matrimonial ha sido siempre una vida apacible y saludable, salvo algunas diferencias, como las tiene cualquier matrimonio. Hace un año, sin embargo, la paz que disfruté por tanto tiempo llegó a su final con la llegada de mi queridísima suegra, Sarmienta. Mi marido se la trajo de Córdoba porque falleció su marido y se había quedado solitaria en el viejo caserón familiar de ocho cuartos. Yo aprobé esa decisión de mi marido porque la familia es la familia y el amor de un hijo por una madre es lo más sagrado que existe, pero nunca imaginé que iba a meter en mi casa a una vieja loca con aires de pitonisa.

Llegó Sarmienta disfrazada de gitana, con un pañuelo rojo en la cabeza, un vestido de colores y cientos de collares y pulseras en su cuello y sus muñecas; desde que la vi entrando por la puerta me di cuenta que le faltaba una tuerca en la cabeza. Lo primero que hizo fue faltarme el respeto llamándome Valeria, la primera esposa de mi marido, y no importa cuántas veces le diga que soy Sofía, la vieja no para de confundirme con la otra. Llegó Sarmienta y no pasaron tres semanas cuando una tarde llegué de mi empleo y descubrí un hilera de personas en la entrada de mi casa. Yo pensé para mis adentros que a la vieja le había dado un patatús, y en el fondo sentí alivio, pero muy pronto me di cuenta de que había plantado un negocio de leer tarot en el mismo comedor de mi casa. Después de echar a todos de la casa y regañar a mi suegra, la loca me dice que esa era su casa y que yo no tenía ningún derecho. Casi me muero de la risa. Estuve riéndome hasta que llegó mi marido y me confesó que en efecto, esa casa, nuestra casa, estaba a nombre de su madre. Por poco me muero. Resulta que cuando la Sarmienta nos regaló la propiedad, mi lindo maridito nunca cambió el nombre en el título por miedo a que yo se la quitara algún día. Pasé una semana sin dirigirle la palabra a Santiago.

Un día, doctora Polo, entré por la puerta de atrás para ver a escondidas cómo mi suegra leía las cartas, y me quedé asombrada. Sentada frente a ella había una joven bonita, tendría máximo unos veinticuatro años. Se notaba muy triste. Mi suegra miraba las cartas y le decía que amara a todos los hombres que la desearan, que lo mejor para la tristeza eran muchas pi.... Disfrutar la pi... Saborearla. Por todos los hoyos del cuerpo. Esa era la solución del tarot. Así le dijo. Después, le siguió un hombre de unos cuarenta años, el cartero del vecindario. Un hombre calvo y obeso que nunca he soportado. A ese tipejo pegajoso, mi suegra le predijo un futuro con suerte en el dinero, en cambio su vida amorosa, profetizada por la carta de La emperatriz, anunciaba el pajear.. como solución a su necesidad. Yo no sabía si reírme o llorar de la vergüenza. A punto estaba de salir de mi escondite para terminar esa falsa vulgaridad, cuando entró en el comedor Lupita, la vecina de enfrente, una mujer que odio porque se pasa la vida vestida en mini falda y escote provocador, coqueteando con mi esposo. Sarmienta le predijo un futuro amoroso muy complicado. Según mi suegra, el hombre a quien Lupita amaba era un hombre casado, y aunque ya no amaba a su esposa y ella había tenido sexo con él en varias ocasiones, aquel hombre no estaba decidido a divorciarse. Sentí una furia tan grande que salí de mi escondite y saqué a empujones a la pu.. de mi vecina y al resto de la gente que esperaba en el portal de la casa. Enojada, mi suegra me llamó bruja, gata negra, hija de satanás y otras lindezas que ahora no recuerdo.

Esa noche tuve una discusión con mi marido. Él me suplicó paciencia. Su madre, según le dijo el médico, estaba perdiendo la mente por el Alzheimer, y nuestro deber era cuidar de ella hasta el final. Le propuse internarla en una residencia para ancianos, pero Santiago se negó rotundamente.

Pasaban los días, doctora Polo, y la situación fue empeorando. Un sábado, fecha en que cumplimos aniversario de casados, mi esposo y yo salimos a cenar. Al regresar, mientras mi esposo estacionaba el auto en el garaje, entré sigilosa a la casa para ver cómo se comportaban mis hijas con la vieja loca. Tuve que recorrer toda la casa. Las encontré sentadas en el piso de la cocina. Una de mis niñas, la mayor, de diez años, estaba fumando un pito de marihuana, mientras la vieja enseñaba a la más pequeña, de siete años cómo enrollar un cigarrillo de hierba. No tengo palabras para expresarle la furia que me subió por todo el cuerpo. Por primera vez en mi vida le di una cachetada a una señora mayor. Las niñas estuvieron castigadas por dos semanas, y mi esposo me dejó de hablar por tres. El muy arrogante me echó la culpa del incidente. No le bastó con encontrar, días más tarde, una plantita de marihuana sembrada en el jardín posterior de la casa.

Como venganza, la vieja loca se escapó de la casa. El domingo siguiente llegamos a la casa y Sarmienta no estaba. Recorrimos todo el barrio, buscándola por todas partes. No aparecía. Salimos en el auto, preguntando a todo el mundo, y luego de tres horas la encontramos sentada en un banco del parque, sola y llorando como una nena. Nos dijo que había salido al mercado de Córdoba a comprar gallina para la cena, pero que se había perdido porque las calles habían cambiado de nombre y ahora la gente hablaba más inglés que español. Mi esposo la abrazó con tristeza por su estado, pero con alegría por haberla encontrado. Yo, en cambio, deseaba que nunca hubiese aparecido.

No fue la primera ni la última vez que mi suegra se perdió. La diferencia fue que a la cuarta, mi marido compró un GPS pequeño y se lo escondió en la cartera. De esa manera, ahora puede localizarla cada vez que la maldita vieja se desaparece de la casa. Para serle sincera, prefiero cuando está perdida que cuando está en casa. A veces le da por cocinar, pero como confunde la sal con el azúcar o el aceite con el vino seco, prepara unas bazofias que sólo sirven para matar ratas. He tenido que desconectar las lavadoras porque me manchó toda la ropa blanca de color y la de color me la destiñó toda con cloro. Un día perdí mi biquini preferido y ya me había olvidado del asunto hasta una tarde en que llegué más temprano de lo acostumbrado, descubrí a Sarmienta tomando el sol con mi bikini, con los senos al aire, junto a la pileta del patio. Lo que más me enfureció, y una de las razones por las que escribo esta carta, es que ella no estaba sola. A su lado, sentado en traje de baño, estaba el maldito cartero calvo y sudoroso, con los ojos cerrados, mientras mi suegra le masturbaba la pi...

Doctora Polo, esa fue la gota que llenó el vaso. Esa misma noche le exigí a mi esposo una decisión: o su madre o yo. Lamento decirle que Santiago no pensó mucho para decirme que por encima de su madre no había nadie en este mundo. Con todo el dolor del corazón, recogí algunas cosas y me fui para casa de mis padres. Desde aquí le escribo. Mi madre es fanática de su programa. Ella fue la que me recomendó que le escribiera. No sé qué acciones legales tomar contra mi suegra. Si es necesario estoy dispuesta a divorciarme de mi marido, ¿pero perdería yo el derecho a esa casa? ¿Si el nombre de mi suegra aparece aún en el título de la propiedad, no puedo cambiarlo?

Estoy desesperada. Espero que me ayude. Le envío un saludo afectuoso de mi madre.

Atentamente,

Sofía Mazzini

Queridísima Sofía:

No eres la primera persona que quiere tirar a su suegra por las escaleras para abajo. Esos pensamientos les han pasado por la mente a muchas mujeres a través de los años, lo que no se puede hacer es llevarlos a cabo.

Vamos a comenzar por el momento que decidiste, junto a tu marido, traer a tu suegra de Argentina después que se le murió el marido. Ustedes lo hicieron a pesar de que la mayoría de los matrimonios quieren privacidad y prefieren vivir con su pareja e hijos, sin ninguna intervención; por lo menos así piensa la mayoría en Estados Unidos. Y no es que no queramos a nuestros viejos, es que nos gusta nuestra privacidad y tampoco a nuestros viejitos les gusta vivir con nosotros, como dice el refrán "calabaza, calabaza, cada uno pa' su casa". Pues el hecho de que tú hayas apoyado a tu marido en esa decisión, demuestra que tienes buen corazón y que le das importancia a la familia.

Tú pensabas tal vez que a tu hogar vendría una de esas abuelas tiernas que se desviven por sus nietos y que se acomodaría con ternura a las costumbres de tu casa, pero ponte en su lugar, imagínate que te sacaran de tu tierra y te llevaran a un mundo nuevo que apenas conoces. No es fácil, ¿cierto?

El primer impacto fue ver llegar a tu suegra vestida de gitana, con pañuelo rojo y llena de pulsos y collares. Ahora bien, siempre hay dos caras en una moneda y tu problema es real. Tú dices que tu suegra te faltó el respeto, pero yo te digo que tiene un Alzheimer feroz y los cables del cerebro cruzados. Para ella, hoy tú eres Valeria y probablemente en el futuro seas Juana de Arco, quien sabe... Al Alzheimer se le llama también demencia, y no es por gusto. Lo que no sabemos es si tu suegra está loca o se hace. Porque montar un negocio en el comedor de tu casa para leerles el tarot a tus vecinos me da ciertas sospechas. Eso no es síntoma de locura, sino de una negociante. O sea, para unas cosas está loca y para otras súper cuerda. Mmmmmmm... aquí hay algo raro.

Me parece increíble que a sus años tenga el sexo tan presente. Y me imagino la vergüenza que sentiste cuando te escondiste a ver cómo leía las cartas a sus "clientes" y te diste cuenta que lo único que tu suegra "veía" en su futuro era sexo, y bastante explícito. A la chica joven le aconsejó que disfrutara las pij.. (me imagino que de esa forma es que ustedes llaman al pene), le aconsejó que la saboreara. Al cartero, un tipo según tú repulsivo, le dijo que se masturbara como solución a sus problemas. *Wow*, poco a poco tu casa se está convirtiendo en un burdel. Perdón, no es tu casa. Ya te enteraste por tu querida suegra que ella es la dueña de la propiedad, que tu marido nunca quiso cambiar el nombre del título por miedo a que alguien se la quitara algún día. Y ese alguien por supuesto, eres tú. Un verdadero desastre. Pero sigamos con la suegra.

Me parece curioso que le predijo a Lupita, una mujer a la que odias por pasarse la vida coqueteando con tu marido, un futuro amoroso con un hombre casado con quien mantenía una relación sexual. Tu suegra le aseguró que el hombre casado ya no quería a su mujer. Me imagino la furia tan grande que sentiste al oír aquello. Pero eso no es lo peor, lo peor es que la encontraste sentada con tus hijas de diez y siete años fumando un pito de marihuana. Eso es algo muy serio. Yo no sé lo que hacía tu suegra en Argentina, pero te aseguro que no era una ama de casa. Esa vieja estará perdiendo la mente, pero los pedazos de memoria que logra tener, todos tienen que ver con porno y con drogas. Y lo más triste de todo es que tu querido marido, esa noche, después de enterarse que su madre estaba fumándose un pito con sus hijas, en vez de ponerse de tu parte, te dejó de hablar por unos días cuando tú recriminaste a su madre.

Cada vez que protestabas por algo que hizo la vieja él te decía que el médico le había diagnosticado Alzheimer y que el deber de ustedes era cuidarla. Sí, es cierto, cuando un anciano se enferma, las personas con sentimientos y honor cuidan de ellos. Me dio pena cuando me cuentas que después de una de sus tantas escapadas de la casa la encontraron sentada en un parque llorando porque no sabía dónde estaba. Te aseguro que eso no era venganza, eso no lo hizo para herirte. Eso pasa. Ese es el Alzheimer. Tu suegra se va a perder muchas veces porque pierde la memoria, no sabe dónde está. Tú misma me das el diagnóstico en tu carta cuando me dices que confunde la sal con el azúcar o el aceite con el vino seco. Así se le va yendo la mente, poco a poco, despacio, día tras día. Es verdaderamente horrible.

Muchos latinos se niegan rotundamente a poner a sus viejos en una residencia para ancianos. Pero claro, no estamos hablando de viejos pornográficos. Porque esa suegra tuya se las trae, le saca el dinero a la gente a través de consejos sexuales y hace cosas que son imperdonables. El hecho de que tu biquini preferido desapareciera y que después encontraras a tu suegra con el biquini puesto mientras masturbaba al cartero, no es una escena sacada de una película de Playboy, es una escena de horror. No en balde tenías discusiones grandes con tu marido.

Tu grave error fue que le dijiste las palabras más crueles que uno puede decirle a alguien: "Escoge entre tu mamá o yo". Uno nunca le dice a un hombre semejante estupidez. ¿Qué va decir el pobre? Si te escoge a ti, es un puerco porque deja a su madre abandonada en el peor momento de su vida; si la escoge a ella, pierde a su mujer y a sus hijos. Una elección terrible. Hasta cierto punto no me extraña la elección de tu marido, él está protegiendo a una madre: una madre imperfecta, loca, marihuanera, mentirosa, pero quien, al fin y al cabo, es su madre... y está enferma.

Mi consejo es que si estás enamorada de tu marido, si de verdad quieres mantener tu hogar, no le pidas el divorcio por el momento. Vive un tiempo separada de él, deja que las cosas caigan en su lugar. Tú no tienes que vivir con una persona que detestas, nadie puede vivir así. Y nadie puede obligar a tu marido a que abandone a su madre. Sólo el tiempo dirá; aunque a mí me da la impresión que al final de esta historia tu marido accederá y eventualmente tu suegra tendrá que ir a un lugar donde no pueda escaparse y donde la puedan cuidar mejor. Pero eso lleva tiempo y paciencia.

Habla con un abogado y que él te diga si puedes hacer algo con referencia a la propiedad. Pero lo dudo. La casa está a nombre de tu suegra. Legalmente es de ella. En California, donde ustedes viven, cuando un matrimonio se disuelve, las propiedades hay que dividirlas a la mitad. 50-50. Y él lo sabía y su mamá también. ¿Nunca se te ocurrió preguntar cuándo pondrían tu nombre en el título? ¿Alguna vez firmaste algún documento que te asegurara propiedad de la casa? Me apuesto a que no. Ahora que estás en casa de tu madre con tus hijas, date tiempo antes de tomar una decisión drástica. No veo ninguna acción legal que puedas tomar contra tu suegra, la única sería que le dio drogas a tus hijas, algo abominable, pero siempre está la realidad de que su cabeza no funciona bien. Eso dirán los especialistas y entonces, tu perderás el caso. No vale la pena.

Yo tú me preocuparía más en perdonarla, que en destruirla. Recuerda que tus hijos te están mirando y nunca van a olvidar la crueldad contra su abuela. También recuerda que un día tal vez tu mamá necesite vivir contigo y con tu marido. Uno nunca sabe. El amor es más fuerte que el odio. Practícalo y siempre saldrás ganando.

Y ya después de decir esto, aquí entre tú y yo, a esa vieja no hay quien se la dispare.

Que Dios te dé toda la paciencia del mundo.

Dra. Ana María Polo

Con una teta no

Querida doctora Polo:

No se imagina la emoción que siento al escribirle esta carta. De sólo pensar en que usted la lea, hace que me olvide, por un momento, de todo el sufrimiento por el que estoy atravesando. Soy fanática de su programa. Lo veo en las tardes y en la noche, encerrada en mi cuarto. A esa hora no me gusta verlo en la sala porque mi marido, Juan, le gusta burlarse de usted y de la pobre gente que va en busca de ayuda a su programa. Juan no es un mal hombre. Lo que pasa es que le gusta burlarse de todo el mundo, y desprecia a las personas que tienen problemas en su vida. Imagínese que hasta se burla de mí por el hecho de que tengo un seno de menos. Se ríe, diciendo que parezco un monstruo. El seno derecho me lo quitaron hace seis años, a causa de un cáncer que me descubrieron demasiado tarde. Desde entonces, mi esposo no quiere tener relaciones sexuales conmigo. Dice que siente mucho asco al verme desnuda. Yo en el fondo lo comprendo. A veces, cuando me miro de repente en el espejo, siento repulsión de mi propio cuerpo.

Doctora Polo, yo sé que lo que voy a contarle aquí tal vez le cause mucho enojo, pero le voy a ser sincera. Quiero divorciarme de mi marido, pero no lo hago por su falta de sexo conmigo, tampoco por sus burlas, sino porque deseo que sea feliz con otra mujer. Me llamo Rafaela Bernal, tengo cuarenta y cinco años y nací en Zapotlán, México. Hace veinticinco años conocí a mi esposo Juan Bernal, en una feria de mi pueblo. En aquel entonces Juan era un joven muy cariñoso, alegre y divertido, que me hacía reír como nunca me habían hecho reír en toda mi vida. El me pidió en matrimonio, y como vivía en Houston con sus padres, a los pocos meses nos casamos y vine con él a vivir a Tejas. Nunca me acosté con otro hombre en mi vida. Llegué virgen al matrimonio. Con Juan conocí el sexo, y en el tercer año de matrimonio tuve mi primer y único hijo. No sé qué pasó después que tuve a Juancito. No sé si mi esposo me dejó de ver como una amante y empezó a verme como una madre. Lo único que sé es que desde entonces a Juan se le fueron acabando las ganas de tener sexo conmigo. Primero me decía que estaba muy gorda, que yo sudaba mucho, y no le gustaba mi olor. Después, cuando me puse a dieta durante meses y logré bajar de peso, me decía que mis carnes estaban muy flojas. En las noches, cuando pasaban las telenovelas, se fijaba en las actrices mexicanas y me comparaba con ellas. Yo en aquel entonces lloraba mucho. Me daban muchos celos que mi marido se fijara en otras mujeres, así fueran actrices de telenovelas. Pero poco a poco, con el paso de los años me fui acostumbrando a que mi marido se fije en otras mujeres. De todas maneras, yo me conformaba con que Juan se acostara conmigo una o dos veces al mes. Siempre que llegaba borracho, yo me aprovechaba. Le preparaba un baño caliente. Le secaba todo el cuerpo desnudo, y entonces a él le daban ganas de tener sexo. Eran los únicos momentos que podía disfrutar con mi marido.

Doctora Polo, así pasaron mis años de matrimonio. A lo mejor una mujer diferente se hubiera separado de Juan, pero yo lo quiero a mi manera. Conozco tipos mucho peores, que golpean a sus mujeres, que se beben todo el dinero de su sueldo, o que no se ocupan de sus hijos. Juan es diferente. Nunca me ha pegado, y bebe dos o tres veces al mes con sus amigos o alguna amiga de su trabajo. Siempre me ha dado dinero para Juancito, y en mi casa nunca falta nada. No puedo negar que me ha engañado muchas veces con otras mujeres ¿Pero qué pude hacer? Aprendí a hacerme de la vista gorda, a fingir que no descubría los perfumes en sus camisas, los condones en sus bolsillos, las llamadas perdidas, los mensajes de otras mujeres, desesperadas por verlo. Pero Juan siempre regresaba a casa. Y eso me hacía sentir feliz y orgullosa. Hubo una vez en que sufrí mucho. Fue la vez cuando mi hijo me confesó que había visto a su papá saliendo de un hotel abrazando a una mujer más joven. En ese momento no supe qué decirle. Creo que cambié la conversación diciéndole que le iba a preguntar cuando llegara del trabajo.

Doctora Polo, eso fue antes que me descubrieran el cáncer de seno. Cuando el doctor me lo dijo, pensé que mis días en el mundo estaban contados. Escribí un testamento dejándole a mi querido Juan lo poco que tengo en este mundo. Cuando él se enteró, me dijo que no quería saber nada de mi enfermedad, que odiaba estar junto a gente enferma. Yo le prometí que durante todo el proceso de la quimioterapia iba a tratar de comportarme como si no pasara nada. Para no incomodarlo, yo iba a mis tratamientos sola. Después llegaba a la casa, limpiaba, cocinaba y hacía todas las labores de la casa. En las noches servía la cena y me encerraba en el cuarto de huéspedes. Cuando Juan y mi hijo terminaban de cenar, salía a recoger la mesa y lavar los platos; después me encerraba otra vez en el cuartito para no molestar a nadie. A veces sentía que las fuerzas me abandonaban. Pero me reponía, rezando mucho a Dios y la Virgencita.

Una época muy dura, doctora Polo, fue cuando se me empezó a caer el pelo. Lo descubrí una noche mientras me bañaba. Una amiga me recomendó que me pelara al rape. Ese día, salí de la ducha desnuda, sin saber que Juan había llegado del trabajo. Al verme así toda calva, se enojó mucho. Me dijo que parecía un extraterrestre, que ahora sin seno y encima pelona, no me quería en la casa. Me dio mucha lástima con él. Me imagino que la impresión había sido demasiado para él. Le pedí perdón, me vestí bien rápido y salí a comprarme una peluca. Desde ese día nomás me quité la peluca para dormir en el cuarto de huéspedes. Gracias a Dios y a la Virgencita, el tratamiento con quimioterapia dio resultado y el cáncer se fue eliminando hasta no quedar nada. Al menos eso me dice el doctor. El cabello ha comenzado a crecerme, pero continúo usando la peluca delante de mi marido para no hacerlo sufrir. Lo que sí nunca he vuelto a recuperar es el poco sexo que tenía con él. Hace como dos semanas entré a su cuarto y me acosté a su lado. Eran como las dos de la madrugada. Lo abracé llorando, le supliqué que me abrazara, que me hiciera el amor aunque fuera de espaldas para que no tuviera que verme así deformada. Al principio él aceptó a regañadientes. Le hice sexo oral para entusiasmarlo, pero cuando logré excitarlo no quiso penetrarme. Me dijo que continuara el sexo oral. No quería verme. No quería tocar mi cuerpo deforme. Finalmente tuvo un orgasmo, y eso me hizo sentir feliz después de mucho tiempo. Al menos pude complacerlo. Yo me quedé con muchas ganas de hacerlo, pero me conformé con esperar la noche siguiente.

Al día siguiente, doctora Polo, entré a su cuarto un poco más temprano. Eran como las doce de la noche. Juan estaba todavía despierto, viendo una película. Me acosté a su lado y me acurruqué junto a su cuerpo. El me ignoraba, hasta que traté de excitarlo acariciándole su pene. Sin mirarme, me dijo que lo dejara en paz, pero yo no le hice caso y empecé a besarlo. Fue un gran error del cual me arrepiento. Juan me empujó con fuerza y me caí de la cama. Me di un golpe en la pierna derecha. Me dolió mucho el golpe. Le pedí perdón. Le dije que no iba a molestarlo otra vez. Entonces salí de su cuarto y fui a sentarme en el patio de la casa, esperando a que se me pasara el dolor en la pierna para acostarme. Lloré mucho sentada allí sola, mirando el cielo. Me dieron ganas de salir volando hasta las estrellas y no regresar nunca más. Me sentía avergonzada de no poder complacer más a mi marido. Me sentía una esposa inútil, miserable. Fue entonces, doctora Polo, cuando tomé la decisión de separarme de mi marido. Creo que es la única manera de que Juan sea feliz. Separándome de él, tendrá el camino libre para comenzar una nueva vida, junto a una mujer que pueda hacerlo feliz.

Al día siguiente me senté en la mesa, mientras él desayunaba, y le conté mi decisión. Juan se rio al principio. Me preguntó si estaba loca. Me dijo que la única forma de que él se divorciaba de mí era que yo me desapareciera de su vida para siempre, que me regresara a México, porque si me quedaba en los Estados Unidos, él tendría que mantenerme, mucho más ahora, tan fea y enferma como estaba. Después de todo, él tiene razón. Por eso he decidido regresarme a México. Ya hablé con mis hermanos en Zapotlán, y ellos aceptaron recibirme en la casa familiar. El único problema legal que tengo, y por el cual le escribo esta carta, es que mi marido quiere casarse otra vez, después que nos divorciemos. Dice que está enamorado de una mujer que trabaja con él. Yo no tengo ningún problema con eso. Lo entiendo. Y me siento tranquila con que sea feliz. Lo que pasa es que también quiere que yo firme un papel notariado, en donde renuncio a todos los derechos que tuve en mi matrimonio. A mí no me importa renunciar a mi casa, a mi marido, pero tengo miedo que una vez que yo regrese a México, la nueva esposa de Juan termine corriendo a mi hijo de la casa, y el pobre Juancito se quede en la calle, sin dinero y sin derecho a nada.

Espero que usted pueda ayudarme. Que Dios y la Virgencita la bendigan.

Rafaela Bernal

Estimada Rafaela:

Te quitaron el seno derecho hace seis meses, pero hija, todavía tienes un cerebro, ¡úsalo! Por años tu marido te despreció, te insultó, abusó emocionalmente de ti y para colmo, cuando te enfermaste de cáncer, no tuvo la más mínima compasión; ridiculizándote, negándote la intimidad sexual y expresando repulsión hacia tu físico. ¡Tu marido es una auténtica joyita! Y lo que es verdaderamente asombroso es que te lo crees. Mientras más horrores te hace, más lo amas tú. Hasta piensas regresarte a México, sin tu hijo, abandonando todos tus derechos, para que él "sea feliz". Increíble. Después de leer tu carta, sólo tengo una reacción lógica: tu marido es un sádico y tú Rafaela, una masoquista. En otras palabras, ¡ustedes dos son la pareja perfecta! ¿Para qué divorciarse? Mientras peor él te trata, más tú lo quieres, él te ordena que te vayas del país y allá vas tú rogándole a tu familia en México que te reciba como si fueras un animalito herido.

Te aconsejo que desde hoy en adelante te quites el disfraz de santa y comiences a comportarte como una mujer. Entiendo que el abuso doméstico, ya sea físico o emocional, puede hacer un daño inmenso al alma de una mujer. Aclaro, inmenso, pero no irreparable.

Lo primero que tienes que hacer es no firmar absolutamente nada y no moverte de tu casa. Si tu marido se enamoró de otra y quiere divorciarse, pues que rente un apartamento y se vaya él, porque es él quien está cometiendo adulterio. Mi segundo consejo es que no tengas miedo, deja ya de ser víctima, existen muchas organizaciones en Tejas que ayudan a mujeres con problemas como el tuyo. Ellos te guiarán para que encuentres a un abogado que te ayude a familiarizarte con las leyes de divorcio de tu estado. Recuerda, la información es muy importante y te dará la fuerza necesaria para luchar por lo que es tuyo y de tu hijo.

Cuando conozcas tus derechos te vas a sentir mucho mejor porque, como dice el dicho "vas a agarrar la sartén por el mango". Traducción: vas a tomar las riendas de tu vida. En tu carta me dices que conoces a "tipos peores" y en tu desesperación no te das cuenta lo ciega que estás. No hay tipos peores que tu marido mi querida Rafaela, porque no hay peor crimen que matar, día tras día, el alma y la alegría de otro ser humano. Eso sólo lo hacen los monstruos y tu marido es uno de ellos.

Bótalo de tu casa y rehaz tu vida, date valor, sé feliz. Y si no quieres hacerlo por ti, hazlo por tu hijo. No hay legado más grande que el de una madre valiente, que enfrentó a la adversidad y supo ganarle. Eso vale mucho más que una casa... o que una teta.

Te deseo lo mejor.

Dra. Ana María Polo

Paranoia Paranormal

Querida doctora Polo:

Exactamente un año después de que yo escriba esta carta, el mundo llegará a su fin. Eso dicen los pronósticos. Hoy es 21 de diciembre de 2011. Si se cumple la profecía maya, el 21 de diciembre de 2012 será el fin del calendario, el fin de la historia, el fin del mundo. Quedaremos en un vacío total, flotando en la nada de donde nacimos y adonde iremos para siempre. Aprovecho este año que nos queda de existencia para pedirle un consejo legal, pues mi vida se ha convertido en un caos y quiero estar preparada por si la profecía no se cumple y debo seguir luchando en este mundo de locos. Aunque soy pesimista y creo en el Popol Vuh, también creo que existe aún una mínima posibilidad de que nada ocurra y me vea en serios aprietos en el 2013.

Mire, doctora Polo, soy peruana, mezcla de chola con algún blanquito hijo de pe.... Alguno de aquellos milicos que abusaron de mi madre, en su pueblo, en Cusco, hace casi ya treinta años. De aquella noche le quedó a mi madre un miedo horrible a todo lo que tenga que ver con sexo. Tanto así, que después de parirme se metió una papa en la vagina para que no la fueran a penetrar nunca más en su vida. Mientras más crecía la papa, más crecía su odio por los hombres. Y si no llega a ser por un médico que le inyectó sedantes y le sacó a la papa con sus tentáculos, se hubiera ido de este mundo con ella en sus entrañas. Mire, doctora Polo, le cuento todo esto para que se imagine cómo fue mi infancia y mi adolescencia allá en un pueblo pobre de Perú. No fue hasta que cumplí los dieciocho años que pude escaparme de mi casa, agarrar un ómnibus para Lima y dos años después me casé con un peruano americano que me trajo a vivir para Los Ángeles. Me casé por puro interés de largarme del país, lleno de bombas a todas horas y ladrones por todas partes, y comenzar una nueva vida en la tierra prometida. Mi marido, Santiago, hijo de peruanos blancos, es todo un señorito. Malcriado, vago, hijo de mamá y, para colmo, pésimo en la cama. Durante todo mi matrimonio tuve que fingir los orgasmos, porque el pobre tiene un pene muy pequeño, y lo peor es que no sabe moverlo. Muchos años me pasé con deseos de acostarme con otro hombre. Pero nunca lo hice, ya sea por miedo a perderlo, o tal vez no tuve el valor para dar el paso cuando las oportunidades se presentaron. Otra cosa que me quitó la idea de la cabeza fue el nacimiento de mi niña, tres años atrás. Ocupada con cuidar mi embarazo y más adelante a mi hija, la idea de engañar a mi esposo me pareció lejana. Pero un buen día, hace ocho meses, conocí a un hombre que me cambió la vida. No puedo decir su nombre verdadero. Lo llamaré Aníbal en esta carta.

Mire, doctora Polo, lo conocí en una librería. Buscando un libro de recetas para regalarle a la arpía de mi suegra, me tropiezo con un tipo maduro de lentes oscuros y cabello por los hombros. En un principio pensé que era una mujer. Pero era un hombre alto, de ojos azules, sonrisa pícara, delgado, vestido como un hippie, pero moderno, limpio y oloroso a colonia de violetas. La atracción fue instantánea, igual que un flechazo. Me invitó a un café. Me habló de su vida. De su profesión como docente universitario. Quiso conocer mucho de mí. Quiso verme otro día, y después otro. Me habló de espiritualidad. Me enseñó libros que nunca me habían interesado. Gracias a él aprendí a valorarme, a sentirme segura.

Y gracias a él aprendí a conocer mi cuerpo. Una tarde, al fin me decidí a dar el paso que nunca pude dar, y terminé gritando como una loca de placer, porque Aníbal sí supo darme sexo en donde había que darme; así fue, doctora Polo, como tuve mi primer orgasmo. Y también como se desató mi sexualidad.

Fue también Aníbal el primero que me contó sobre la profecía maya del fin del mundo en el 2012. Para él, sin embargo, significa el fin de una época. Es el fin de una mentalidad planetaria y el principio de otra. Es una transformación espiritual de los seres humanos. Es el balance del cosmos. Y mientras Aníbal me narraba sus pensamientos, de paso me balanceaba las hormonas, cogién.... como un toro en la cama de los hoteles a donde íbamos. Ese balance hormonal trajo un desbalance total en mi vida. Comencé a sentir deseos sexuales a todas horas. Yo trataba de calmar esas calenturas con mi esposo, pero el remedio era peor que la enfermedad. Al tener sexo con Santiago, más insatisfecha me sentía. A la mañana siguiente, apenas mi esposo se subía al carro, ya estaba yo telefoneando a Aníbal para encontrarme con él. A veces él no podía porque estaba en clases, o no quería verme y fingía estar en clases. Daba igual. Entonces me pasaba todo el santo día con un ardor entre las piernas que tenía que ducharme. Eso trajo como consecuencia que Aníbal se fuera alejando de mí. Me agarró miedo. Me dijo que estaba volviéndome una adicta al sexo. Una ninfomaníaca.

Doctora Polo, la verdad es que yo no creo que sea adicta al sexo. Lo que pasa es que le agarré el gusto a sentir las ver.... Cuando Aníbal no podía satisfacerme como yo lo necesitaba, salí a buscar su reemplazo. Como una cazadora. Visité varias librerías. Me gustan los hombres buenos en la cama, pero que sean cultos. En una de las librerías, en la sección de espiritualidad, descubrí a un moreno vestido de blanco. Era alto, musculoso, con voz de trueno. Oyéndolo hablar me di cuenta que era cubano. Me lo imaginé tirán.... por detrás, dándome palmadas en las nalgas y jalándome el pelo, y sentí cómo mi calzón se mojaba. El se percató de mi interés. Me invitó a almorzar comida cubana. Bebimos un par de cervezas, conversamos mucho sobre el folclore de su país, sobre la santería. Me dijo que hacía pocos días se había bautizado con no sé qué cosa porque olvidé ese nombre raro. Lo que sí no me olvidé, fue la tremenda noche que pasamos tiran.. en el piso de su casa. Acostada en la alfombra, el cubano me dio por todos los hoyos del cuerpo. Durante los días que siguieron, por primera vez desde hacía meses me pasé varios días sin sentir ganas de tener sexo.

Aquella aventura con el morocho fue el comienzo de mi desenfreno. Continuaba viéndome con Aníbal de vez en cuando, pero él parecía más interesado en la profecía maya y el fin del mundo que en mis tetas y mis nalgas. Yo seguí leyéndome todo lo que él me prestaba para instruirme sobre el año 2012, y discutíamos sobre el asunto, pero también seguí aumentando mi libido. Era algo muy extraño. Mientras más aprendía sobre el asunto del calendario maya, más deseos tenía de seguir tirando con todo macho bueno que se me pusiera en el camino. El desenfreno total vino cuando mi esposo, Santiago, aceptó poner a nuestra hija en un jardín infantil. Libre durante toda la mañana y la mitad de la tarde, comencé a buscar hombres por Internet, en la página de Facebook. Mi gusto por los hombres cultos nunca cambió. Por eso visito las páginas de universidades. En mi perfil puse una foto donde me veo un poco menos linda de lo que soy. Así, cuando me ven en persona, se quedan boquiabiertos. Se les puede ver, a través de la tela, la erección que yo les provoco con mis palabras y con mi escote pronunciado.

Mire, doctora Polo, aprendí que no importa cuánto de culto o de inteligente es un hombre, cuando piensan con su cabeza más pequeña, la que tienen entre sus piernas, son capaces de hacer cualquier locura. Conocí a un profesor que suspendió su clase y salió disparado para un hotel cuando le conté cómo lo estaba esperando, desnuda en la cama. Un joven gringo, rubio, de pecas, dejó de asistir al cumpleaños de su madre con tal de pasarse una noche conmigo, viendo películas porno y tiran.. en su departamento. Su madre, su padre, su novia y sus hermanos lo llamaban a su teléfono celular, y el aparato allí vibrando encima de la cómoda mientras el se divertía jugando con un vibrador dentro de mi con.... La lista es larga, y a la mayoría de ellos los he olvidado. Lo único que me interesa es tener sexo mientras pueda, y mientras que sea con más hombres, mejor. No estoy totalmente convencida que en el año 2012 el mundo se termine, pero por si acaso, estoy disfrutando a todo tren y voy a continuar disfrutándolo mientras pueda.

El problema, doctora Polo, es que mi marido descubrió que le puse los cachos. Lo descubrió por un imbécil que se enamoró de mí, descubrió dónde vivo y se apareció una tarde de improvisto. Traté de espantarlo de la casa, amenazándolo con llamar a la policía, pero se arrodilló en la puerta de mi casa y me suplicó que lo escuchara. Yo, de tonta, lo dejé pasar. De tonta lo dejé hablar, arrodillarse otra vez, pero en vez de suplicarme, lo que hizo fue comenzar a chuparme la con.... Allí mismo, en medio de la sala de mi casa me agarró mi esposo, con las piernas abiertas y cabalgándolo a horcajadas, restregando mi con... en la boca del imbécil. Santiago entró de repente, se quedó como congelado, mudo de espanto, parado en el umbral de la puerta. Mi amante se detuvo en seco, se levantó del suelo y huyó corriendo por la puerta de la cocina. Yo me senté en el sofá a llorar de vergüenza. Me va matar, pensé. Pero Santiago lo que hizo fue echarse a llorar como un niño. Y eso me hizo odiarlo más todavía. De la vergüenza pasé a la indignación. Descubrí que mi marido era un cobarde, que no tenía lo que debe tener un hombre para enfrentar una situación como aquella. Le dije que quería divorciarme. Le dije que quería irme una temporada para el Perú con mi hija. El me pidió que lo pensara, que yo y su hija somos lo más grande que tiene en esta vida. Pero no pude soportar más su cobardía, doctora Polo. Necesitaba escapar, ser libre otra vez. Por eso hice lo que tuve que hacer. Como Santiago no permitía que yo sacara a mi hija para ir de visita a Perú, hice lo que me dijo un amigo: falsifiqué su firma y me la llevé sin su permiso. Y ahora, después de tres meses recorriendo mi país natal, visitando Machu Picchu y reencontrándome con mis raíces quechuas, quiero regresar a los Estados Unidos. Ya se lo dije a Santiago, y él está dispuesto a no delatarme con las autoridades. Pero los hijos de pe... de sus padres no le hicieron caso y amenazan con acusarme si no le entrego mi hija a mi esposo. Yo no quiero entregarle a mi hija, pero tampoco deseo perder mi libertad. Deseo vivir ese último año libre, disfrutando de los placeres que por tantos año no pude disfrutar ¿Qué pasa si la profecía maya se cumple y el mundo se acaba en diciembre de 2012? ¿Qué pasa si entro a los Estados Unidos y me arrestan? Si las cárceles fueran mixtas y hubiera hombres compartiendo celdas con mujeres, tal vez no me importaría pasar el último año encerrada en una celda, haciendo el amor todo el día, con cuanto hombre me desee... pero es sólo un sueño. Lejos de la realidad.

¿Qué me aconseja, doctora Polo? Le pido que si puede, no se tarde en responder.

Le envío un saludo.

Ana Patricia

Ana Patricia:

Al leer tu carta, no me preocupó toda la aprehensión que sentiste por la profecía maya de que el mundo acabaría el 21 de diciembre de 2012. Estamos en el año 2013 y todavía seguimos aquí vivitos y coleando. Lo que me preocupó de tu carta es que hayas crecido con una madre que se puso una papa en la vagina para evitar que la penetraran. Eso es cosa de locos. Aunque dices que abusaron de tu madre hace treinta años, la historia de la papa es para mandarse a correr: "Mientras más crecía la papa dentro de ella, más era el odio a los hombres". Una historia alucinante. No sé en Cusco, pero en cualquier otro lugar del mundo hubieran internado a tu madre por loca.

Me alegro mucho de que a los dieciocho años te fueras de la casa y que te casaras con un peruano americano que te trajo a vivir a Los Ángeles. Dices que te casaste por interés, no te culpo por eso, tu infancia fue muy difícil y tal vez necesitabas un hogar seguro. Pero en vez de celebrar a tu marido, dices despectivamente que es hijo de peruanos blancos (como si eso fuera un pecado), que es un hijo de mamá, lo llamas vago y dices que es pésimo en la cama. Mis condolencias. Especialmente porque has tenido que fingir orgasmos a consecuencia de tener que lidiar con un pene pequeño, y eso es un poco deprimente.

No sé si fue el pene pequeño o tu insatisfacción general, pero me dices que comenzaste a desear acostarte con otros hombres; sin embargo, al nacer tu hija, esos deseos se apaciguaron. Obviamente eso no te duró mucho porque cuando conociste a Aníbal en la librería tu mente se echó a correr más rápido que un pavo en Acción de Gracias e inmediatamente le pegaste los primeros cuernos a tu marido.

Nada más romántico que un intelectual, de cabellos largos, vestido como *hippie*, alto y ferviente creyente de la filosofía maya. Te entiendo, los sesenta tienen un cierto romanticismo, una cierta espiritualidad. Pero lo tuyo no tiene nada que ver con la espiritualidad, ¿cierto? Lo tuyo es puro sexo, es puro cuerpo, y con el *hippie* de la librería gritaste como una loca de placer.

El problema es que después de ese encuentro, comenzaste a tener deseos sexuales a todas horas, te acostabas con tu marido y no te satisfacía, así que comenzaste, llena de ardor, a perseguir al pobre Aníbal hasta que él se dio cuenta de tu extrema fogosidad sexual y te agarró terror, llamándote ninfomaníaca y adicta al sexo (que es en realidad la misma cosa).

Tú dices que no eres adicta que lo que pasa es que te gusta sentir las ver... (léase: pene). Y como no sólo te gustan los hombres buenos en la cama sino también que sean cultos, seguiste visitando las librerías. Me parece que de boba no tienes un pelo.

Leyendo tu carta me di cuenta que no sólo son los rubiecitos cultos los que te excitan, porque tu próxima aventura fue con un cubano moreno, alto y musculoso que desde que le echaste el ojo, lo imaginaste dándote palmadas en el trasero y jalándote el pelo. Pareciera que eres una mujer muy religiosa, porque el primer amante te enseñó de la profecía maya y el segundo te habló de la santería. Nada como mantener viva la religiosidad entre orgasmo y orgasmo.

Y el cubano, por supuesto, acabó contigo. Por detrás y por delante. Después de esa experiencia infinitamente carnal, te desenfrenaste sexualmente, buscando de nuevo a Aníbal que seguía con el trajín de la profecía maya y el fin del mundo. Yo creo que tú confundiste el calendario Maya con el Kama Sutra hindú, porque con Aníbal hiciste de todo sexualmente. Y en todas las posiciones.

Pienso que tu adición sexual, o como le llames, comenzó a ponerse un tanto peligrosa cuando comienzas a buscar hombres en el Internet para saciar tu apetito. Tu lista sexual incluye maestros universitarios, estudiantes, etc. Y para colmo, llegas a vanagloriarte de que un estudiante no fuera al cumpleaños de su madre, prefiriendo estar contigo mirando juntos películas pornográficas. Definitivamente eres muy sexual, pero de sensible no tienes absolutamente nada.

Cuando tu pobre marido entró a su casa y te encontró haciendo sexo oral con un hombre en medio de la sala, en vez de matarte, de sacarte a patadas, se echó a llorar. Y por esa razón lo llamas cobarde. Y le pides el divorcio. Y para humillarlo más, le dices que te vuelves a Perú con la hija de ambos. Cuando él se negó a perder a su hija, tú tuviste el descaro de falsificar su firma y te fuiste de fiesta a Perú, a pasearte como turista.

Ahora quieres regresar a Estados Unidos y tu marido, que es un pan, no quiere delatarte a las autoridades, seguramente para no perjudicar a su hija. ¿Y tú tienes la desvergüenza de llamar a sus padres hijos de perra porque ellos quieren que le entregues la niña a su padre?

Me dices en tu carta que no estás segura de lo que vas a hacer, si dársela o no dársela, porque todavía tienes el deseo de ser libre y seguir teniendo placeres.

El único consejo posible para ti es que tengas el valor de hacer lo correcto y darle la custodia de tu hija a tu marido que es un hombre decente, quien, junto a sus padres, sabrá cuidarla y la ayudará a ser una mujer de honor.

Y si no lo haces, tu marido debería contratar un abogado, exponer que falsificaste los papeles y meterte en la cárcel por secuestro. Es lo menos que te mereces.

No tengo la más mínima paciencia contigo. Buena suerte.

Dra. Ana María Polo

Hijo de la mafia

Querida doctora Polo:

Le escribo desde el sótano de una casa en Nueva York donde vivo escondido. Mi abuela, que vive en Santo Domingo, me convenció para que yo escribiera esta carta. Ella es su admiradora número uno. Aprovecho para mandarle un saludo de su parte. Mire, doctora Polo, es que estoy metido en un lío muy grande. Hay unos tipos muy peligrosos que me andan persiguiendo, y no me pierden pie ni pisada; si me encuentran, no tengo dudas que me van a matar a tiros. Voy a contarle un poco de mí para que me conozca.

Me llamo Pedro. Tengo veintitrés años de edad. Nací y me crie en el barrio Los Alcarrizos, en Santo Domingo, República Dominicana. Mis padres siempre fueron muy pobres. Por eso tuve que dejar la escuela a los diez años y empezar a buscármela en la calle. En Los Alcarrizos vivía un tiguere que era el matatán del barrio, un negro grande y gordo que le decían Tanque. Yo me volví su mano derecha, y como yo soy muy rápido corriendo, me puso el apodo de Correcaminos. Aprendí con él muchas cosas que se necesitan para sobrevivir en la calle, y empecé a ganar más dinero que mis padres y mis hermanos juntos. Imagínese si yo era bueno en el meneo que cuando cumplí los dieciocho años ya tenía mi propio punto de venta de drogas y un jipetón. Me costó mucho. Tuve que hacer muchas cosas desagradables, como tirarle a enemigos y apuñalar a clientes que no pagaban. Pero hasta donde sé, solamente tengo un difunto a cuestas. Y ese difunto es el mismísimo Tanque, y la razón de mi escondite.

De más está decirle que a Tanque lo quise como a un padre. Pero tampoco puedo esconder que el gordo era un maldito hijo de la gran pu... Como me tenía confianza, me encargaba de buscarle muchachas vírgenes para darse su gustazo. Nunca las llevé engañadas. Eran muchachas muy pobres, algunas huérfanas, y Tanque les pagaba muy bien. Algunas salían llorando del cuarto, porque el muy cerdo las golpeaba, pero por lo general nunca hubo problemas. Las muchachas salían con sus billetes, y yo las llevaba de regreso al barrio pobre en donde las había recogido.

Lo que pasó fue que en una de esas noches, mientras buscaba una nena para Tanque, conocí a Yordanka. Era una morena delgada, de ojos claros. Acababa de cumplir diecinueve años y, para mi sorpresa, era todavía virgen. Cuando le ofrecí acostarse con mi jefe por dinero, Yordanka me fue arriba como una fiera y me arañó la cara. Eso me gustó mucho. Y al otro día regresé a su barrio llevando un ramo de flores. Ella no quiso recibirme. Por más que su madre trató de convencerla, Yordanka no asomó ni la cara, encerrada en su cuarto. Eso también me gustó, por lo que seguí visitando su casa hasta que aceptó ir al cine conmigo.

Mire, doctora Polo, lo mejor que me pasó en toda mi vida fue haber conocido a Yordanka. Desde la primera noche que fuimos al cine me enamoré como un perro. Nunca antes había sentido algo así por alguien. Ni siquiera por mis padres, ni mis hermanos. No habían pasado diez minutos sin ella y ya estaba llamándola al celular que le compré para tenerla localizada. Yo no sabía lo que eran celos hasta ese momento. Cuando paseaba con Yordanka, si un tipo me la miraba, me volvía una fiera. Imagínese cuánto quería yo a esa jeva que cuando ella me dijo que quería guardar su virginidad para la noche de bodas, acepté sin pensarlo; estuve respetándola por tres meses. Éramos muy felices. Pero cometí un error muy grave. Debí mantener a Yordanka alejada de mi barrio y no lo hice. Y eso me costó demasiado caro.

Lo que pasó fue que al animal del Tanque se le metió entre ceja y ceja acostarse con Yordanka. Cuando el cab... se enteró que mi novia era virgen, le entró como una picazón. Y lo peor del caso es que yo no estaba enterado. Un sábado estábamos bailando y bebiendo en la discoteca Glamour, en la Pantoja, cuando llegó unos de los compinches de Tanque y me dice que el jefe quiere verme con urgencia. Le dije a Yordanka que me esperara, y la dejé con sus primas allí en la discoteca. Llegué a casa de Tanque pero no estaba. Me llamó al celular y me ordenó que lo esperara; allí estuve sentado en el portal por una hora. Algo me olía mal, pero no sabía qué era. Llamaba y llamaba a Yordanka pero no me contestaba. Pensaba que era la música en la disco, que no la dejaba oír el teléfono, hasta que me llamaron del hospital Vinicio Calventi. Era una enfermera. Mi novia había sido golpeada y violada, y estaba en estado grave pero estable. Salí volando para el hospital, llorando como una Magdalena por haber dejado a Yordanka sola en ese sitio lleno de buitres. Pero lo que nunca me imaginé, fue que había sido el mismo Tanque el que había violado a mi novia.

Me enteré por ella misma. Con el rostro todo hinchado por los golpes, me contó cómo peleó con el desgraciado para impedir que la violara, pero finalmente la sometió con sus golpes. Según ella, fue tan fuerte la golpiza que quedó como atontada mientras el hijo de pu.. la violaba. Salí del hospital directo para casa de Tanque. Sin pensarlo, para no arrepentirme, me bajé del carro pistola en mano, entré por la puerta de la cocina y le vacié el peine de balas a Tanque y al imbécil que tenía como guardaespaldas. Con ayuda de un narco amigo, pude salir en lancha de Dominicana para Puerto Rico, y dando saltos llegué hasta Nueva York. Aquí vivo escondido porque la familia de Tanque le puso precio a mi cabeza, y los matones andan buscándome por todas partes.

Le escribo para que usted me aconseje qué puedo hacer. No puedo regresar a Dominicana porque me van a acribillar. No puedo entregarme porque igual me van a apuñalar en la cárcel, o un guardia matarme. Yordanka no quiere verme porque está aterrada, y además me echa la culpa por lo que le pasó ¿Qué puedo hacer? ¿Seguir escondido como una rata durante toda mi vida? ¿Entregarme a la policía de Nueva York, confesar el crimen y pedir protección? ¿Usted cree que las leyes aquí puedan ayudarme de alguna forma?

Gracias por leer mi carta. Que Dios la bendiga.

Pedro

Querido Correcaminos:

Antes de comenzar mi respuesta, te diré que me conmovió mucho el hecho de que tu abuelita te aconsejó que me escribieras. Las abuelitas que aman a sus nietos son sabias y espero poder cumplir sus deseos. Pero no es fácil. Nueva York es una ciudad muy hermosa como para tener que vivirla en un sótano y tú eres muy joven para pasártela escondido. Con veintitrés años deberías estar disfrutando tu vida y estudiando. Pero no creo que eso sea posible.

Es triste pensar que con tan sólo diez años hayas tenido que dejar la escuela para buscarte la vida en las calles porque tus padres eran sumamente pobres. La pobreza, mi querido Pedro, tiene cara de perro y, desgraciadamente, muerde. Y a ti te mordió furiosamente.

Me cuentas que en Santo Domingo, en el barrio Los Alcarrizos, vivía un matatán del barrio, negro y grandote al que le decían Tanque. Un nombre apropiado para un personaje arrollador que puede destruir a su paso todo lo que se le pare enfrente, pero tú, en tu inexperiencia, te hiciste la mano derecha de él y seguiste el camino de la droga y la sinvergüencería. Es curioso que él te apodara Correcaminos porque corrías mucho. Muy profético de su parte: ibas camino al acabose y bien rápido.

Muy pronto comenzaste a ganar más dinero que tus padres y hermanos porque, según tú, eras bueno en el "meneo". No sé qué significa esa palabra, pero me imagino que no tiene nada que ver con el baile y mucho que ver con las drogas. Cuentas que tuviste que hacer muchas cosas desagradables, entre ellas abalear a los "enemigos" y apuñalar a clientes que no pagaban. Muy conmovedor de tu parte. Sobre todo cuando, según tú, sólo has dejado un "difunto", algo de lo que ni siquiera estás seguro porque pudieron haber más, ¿cierto? Déjame preguntarte, ¿cuántos hombres hay que matar para ser un asesino? ¿Diez? ¿Quince? ¿Uno? Sería interesante saberlo. Sigamos.

Otra de tus profesiones, aparte de ser experto en balazos y cuchillazos, es la de chulo. Tú le proporcionabas a Tanque niñas vírgenes, huérfanas o pobres, las más indefensas de la sociedad para que él las usara sexualmente. Me dices que él les pagaba a las chicas generosamente y después las devolvía a sus barrios de origen. Verdaderamente conmovedor. Definitivamente el Tanque y tú eran la pareja perfecta. Violar a chicas indefensas es un crimen tan grande como el de asesinar a alguien, pero jamás te pasó por la mente. Tú tenías dinero y no tenías escrúpulos. Una combinación muy peligrosa.

Lo que cambió tu vida no fue ningún acto de consciencia sino el haber conocido a Yordanka, una chica de sólo diecinueve años que tenía dignidad y se negó a venderse. Y eso te gustó. Tal vez porque tenías mucho tiempo de no tropezarte con alguien decente. Y te enamoraste como un perro, más o menos como lo que eras. Y a ella no le convencieron tus flores, ni tu enamoramiento repentino. Desgraciadamente, al final lograste convencerla y se hicieron novios. Me dices que fuiste feliz con ella, pero esa felicidad duró poco. Es predecible, los cuentos de amor donde hay gánsteres y drogas usualmente no tienen un final feliz. No pueden tenerlo. Hay demasiada violencia y demasiada maldad para que así sea. Y pasó lo que tenía que pasar.

El Tanque no sólo violó al amor de tu vida, sino que la golpeó de tal forma que ella terminó en el hospital. ¿Y qué hiciste? Lo que has hecho otras veces. Los seres humanos se repiten y por eso solucionaste el problema vaciándole un peine de balas a el Tanque y a su guardaespaldas. Sé que tenías toda la razón del mundo para terminar con esos mal pari…, pero pudiste utilizar la inteligencia y huir de tu país buscando una vida mejor para ti y para la mujer que amabas sin tener que matar a nadie. Después, como una gallina, saliste huyendo de Santo Domingo y llegaste a Nueva York. Y ahora, los matones amigos de El Tanque te andan buscando para matarte. Puro Karma.

Me pides consejo y te lo voy a dar en nombre de tu abuelita, que todavía quiere protegerte. Si regresas a República Dominicana probablemente no dures dos días vivo, lo mismo te matan en la calle que en la cárcel, además, tu novia ya no quiere regresar contigo y ¿quién la va a culpar? Creo que la mejor opción para ti sería entregarte a la policía de Nueva York, confesar tu crimen y pedir perdón. Perdón a tu abuela, a tu madre, a tus hermanos, a tu exnovia y a tu Dios. No pierdas el tiempo buscando "protección". Protección se les da a los matones y delincuentes que van a testificar contra alguien en un juicio. Ese no es tu caso.

Siento mucho el camino que escogiste para llevar tu vida. Eras muy niño cuando empezaste a delinquir y no fue toda tu culpa. Lo siento de verdad. Pero ya no te escondas más. Habla con un abogado, él te dirá cuáles son tus mejores opciones. Y cuando ya tengas asesoría legal, sal de ese sótano donde estás metido y enfrenta a tus demonios. Esa será la primera vez que te sentirás libre.

Que Dios te acompañe porque lo vas a necesitar.

Dra. Ana María Polo

¡No estoy de acuerdo
con su decisión!

Mi (antes) estimada doctora Polo:

Le escribo esta carta porque estoy sumamente indignada con usted. Durante años, casi los mismos que lleva al aire, he seguido con atención y fidelidad su programa *Caso cerrado*, y en especial, las decisiones que toma al final de cada caso. Siempre me ha parecido una persona justa, controversial; y aunque en muchas ocasiones no comparto su dictamen, al final, con el paso de los días, y después de pensar y pensar en el caso, me doy cuenta que usted dio la decisión correcta. Como en mi casa todo el mundo ve *Caso cerrado*, tanto mis dos hijas como mi marido, cada vez que termina el programa se crea una discusión sobre el tema. A veces nos reímos, a veces lloramos, y en otras ocasiones me paso los días sin hablarle a mi esposo por algún desacuerdo con usted. Pero hace pocos días salió un caso en su programa que me dejó paralizada de terror. Se trataba de un padre que veía películas pornográficas con su hija adolescente, quien era menor de edad. Y su decisión, me dejó aterrada.

Desde que comenzó el caso y vi a esa madre llorando, y después que pusieron el rostro de su marido, me di cuenta que ella tenía la razón y que el muy degenerado estaba haciendo cochinadas con su hija. ¡Una cara culpable lo dice todo! ¿Usted no se fijó en ese detalle? Es muy difícil que una madre pueda fingir todo el dolor que estaba sintiendo esa mujer. Esas lágrimas, esos temblores, esa impotencia. Es cierto que estaba enferma de los nervios, y que su condición emocional no era la adecuada para venir a defender su posición. Por eso mismo usted debió darse cuenta. También es posible que su marido le haya ocultado las cochinadas que hacía con la hija por miedo a que la mujer se quitara la vida. Hasta ese momento yo comprendí la posición racional y parcial de usted, doctora Polo. Comprendí que usted estaba preocupada por la salud de la pobre señora, e inclusive le dijo que si encontraba pruebas de lo que ella decía, iba a ordenar que su marido fuera detenido de inmediato.

Sin embargo, cuando ella presentó las pruebas, el marido inventó una nueva estrategia de la que usted se tuvo que dar cuenta. Primero el tipejo decía y repetía que entre su hija y él no existía nada. Que era puro amor de padre. Que su esposa no comprendía a su hija y por esa razón existía esa incómoda intimidad entre ellos. Todo eso dijo el sinvergüenza porque no sabía que su esposa lo había agarrado con las manos en la masa. Y entonces ella presenta ese video pervertido, asqueroso, inmoral, en el que vemos a un padre sentado junto a su hija, abrazados, viendo una película pornográfica. El padre acaricia a su hija mientras la pobre criatura ve ante sus ojos a personas desnudas teniendo sexo salvaje, porque las películas porno no hablan de hacer el amor. Las películas porno son puro sexo animal. Las películas porno sólo sirven para ensuciar el amor. Gracias a la censura, aquí en mi casa no se pudo ver con claridad las imágenes, pero de sólo imaginarme a mi esposo en esa situación con una de mis hijas, le juro que me dieron ganas de matarlo. En ese momento usted debió llamar a uno de sus policías para que se llevaran arrestado al hombre ¿Qué más pruebas necesitaba? ¿Qué le tocara sus partes a la niña? ¿Qué se sacara su pene y la violara?

En ese momento sucedió algo que me dejó más horrorizada. El tipejo asqueroso comenzó a dar explicaciones, y mientras más justificación buscaba, más se enredaba en sus palabras. ¡Y usted lo apoyaba! Era evidente que estaba mintiendo. Primero dijo que su hija estaba pasando por un período en que necesitaba conocer la sexualidad. Que la madre no se ocupaba de ella, y por esa razón él se estaba ocupando. ¿Cuándo en la vida se ha visto algo semejante? ¿Se imagina usted la situación? Una niña de dieciséis años preguntándole al padre cómo se hace el amor, y el padre explicándole con detalles. ¿Eso para usted no es la más sucia y baja de las perversidades?

Hubo un momento en que pensé que usted estaba jugando mentalmente con él. Como una tonta, pensé que usted lo estaba dejando hablar, fingiendo que lo apoyaba, y de ese modo dejar que el maldito continuara hablando hasta que dijera lo que no tenía que decir y terminara confesando su crimen. Yo a usted la he visto hacer eso en muchas ocasiones, y es uno de los talentos que tanto admiraba. Pero en esta ocasión casi me da un infarto, cuando el tipejo cambió su cuento y dijo que lo que pasaba era que su hija ¡era lesbiana!

¿Qué demonios tiene eso que ver? ¡A estas alturas del siglo veintiuno, cuando la discriminación y los prejuicios se han ido eliminando poco a poco viene un abusador de menores a decir que ve películas porno con su hija porque le salió lesbiana! ¿A quién le quiere atragantar esa historia?

A pesar de todo, en mi interior, algo me decía que usted se estaba guardando una sorpresa. Por un instante tuve la impresión, como ocurre en muchos casos, de que usted tenía planificado sorprender a su público con una ocurrencia final, de esas espectaculares que tanto nos impresionan. Y entonces entró la pobre niña. Una adolescente como mis hijas. Una mujercita confundida, nerviosa, asustada, que miraba de reojo al padre siniestro para estar segura de no meter la pata. Me imagino que usted lo sabe, pero una de las razones de por qué las víctimas de abuso infantil no delatan a sus verdugos es porque los tienen amenazados ¡Y esa muchachita estaba amenazada! Se le notaba en sus ojos, en sus gestos, en su voz temblorosa ¡Era evidente! Yo en ese momento empecé a llorar. Sin siquiera pensarlo, sentí una lástima enorme por esa niña. Me imaginé las asquerosidades que le hacía su padre. Pensé en el daño tan grande que le estaba haciendo, un daño que marcaría su vida hasta la muerte. Pero ella hablaba como un robot. Ella decía palabras que le había repetido su padre una y otra vez, pero usted no se daba cuenta de ese detalle. Del intercambio de miradas. Del control tan siniestro que ese padre ejercía sobre su hija. Estaba como hipnotizada. ¿De nada se dio de cuenta?

Detrás de la niña entró la psicóloga del programa. Según explicó, ella estaba siguiendo el caso tras bastidores. Supuestamente ella fue testigo de todo lo sucedido en el set antes de plantar su figura ante las cámaras. Y viene a decir que quizá el método del padre no sea el adecuado, pero que estaba justificado ¿Cómo? ¿Qué cosa? ¿De qué escuela se graduó esa señora? ¿Del "colegio de depredadores sexuales"? ¡Por favor! ¡Dios mío! Si ese es el futuro de la psicología, estamos perdidos para siempre. Bueno, de la psicología ya nada me sorprende, porque según el pervertido de Freud, supuesto padre del psicoanálisis, el problema que tenemos todas las mujeres es que queremos tener un pene, y que por esa razón, por la falta de pene, es que somos tan inferiores al hombre y que por eso andamos tras el sexo como perras en celo. Si ese es el padre del psicoanálisis, qué quedará para una de sus discípulas. ¿Qué será del futuro de nuestros hijos, en manos de esos psicólogos? ¿Un futuro en donde sea permitido el incesto? Si es así, prefiero estar muerta y comida por los gusanos.

Al terminar la psicóloga, yo ya no tenía esperanza alguna. Como seguidora de su programa, me doy cuenta que casi siempre usted busca la ayuda de un experto cuando está indecisa o confundida, o cuando el tema ante usted le es desconocido. Por eso al terminar de hablar la doctora supe que esa pobre niña estaba perdida, y que el asqueroso abusador iba a continuar mostrándole los videos pornográficos y seguir abusando sexualmente de ella. Más adelante, cuando usted dijo que la decisión sería controversial, respiré profundamente y me levanté para apagar el televisor. Tanto mis dos hijas como mi marido me lo impidieron. Entrando al cuarto escuché su horrible decisión. En ese momento, sentada en la cama de mi cuarto, furiosa e indignada, decidí mandarle esta carta. Es posible que no llegue a sus manos, pero si le llega, quiero pedirle de favor que usted me explique las razones que la llevaron a tomar una decisión tan equivocada. Al parecer, mi marido y mis dos hijas sí la comprendieron, porque al día siguiente, a la hora del desayuno, la defendieron a capa y espada. No obstante, a mí no lograron convencerme.

Por favor, doctora Polo, ¿podría explicarme su decisión?

Un saludo,

Miriam Enríquez

Estimada Miriam:

Te agradezco la pasión con la que procesas *Caso cerrado* y mi criterio. No recuerdo con especificidad el programa que me indicas, y si te digo la verdad, no tengo mucho interés de pedirle copia a producción porque confío en mi experiencia como árbitro, abogado y ser humano. Como evidencia, te indico que en tu hogar, por ejemplo, tú eres la única en desacuerdo con mi decisión en ese episodio. Estoy consciente de que no soy "monedita de oro" y que las personas perciben los estímulos dependiendo de muchos factores. Sólo Dios sabe por lo que estás pasando. Cuando dices que "una cara culpable lo dice todo", la que se queda "paralizada de terror", soy YO. Le doy gracias a Dios que no eres ni juez, ni policía de Arizona (la Corte Suprema ahora permite que los policías indaguen sobre el estatus migratorio después de detener a alguien). ¿Cómo es posible juzgar una situación de acuerdo a la interpretación personal de cada quien? De acuerdo a tu criterio, la foto a continuación es una cara culpable.

Espero que entiendas en este instante que la explicación que te pudiera dar sobre mi decisión del caso nunca la entenderías. Estás programada con conceptos e ideas llenos de temor e inseguridad que no te dejan ver la realidad como es. Además, creo que te da miedo pensar que tus hijas pudieran ser lesbianas. Al final, tú eres la del prejuicio, aunque pretendas otra cosa al decir que "la discriminación y el prejuicio se han ido eliminando poco a poco". ¿En qué mundo vives? Estás perdidísima. En el mundo presente, la discriminación y el prejuicio siguen siendo de las peores plagas humanas que enfrentamos. Eso sí es malo.

Todo el que lea tu carta se dará cuenta que eres inteligente pero muy hipócrita. Te escondes detrás de cosas que son ilógicas pero suenan bien. ¡De pin..! *For example*, sabes perfectamente bien que este caso no se trata de "sacarse el pene" y violar a alguien. Eres profundamente torcida y necesitas psicoanálisis, aunque odies a Freud y lo describas como "pervertido".

No quiero seguir respondiendo a lo que considero es una postura cínica e hipócrita. Si me hablas en serio, creo que necesitas ayuda psicológica. Si estás siendo metafórica... ite vas AL CARA..!

Y caso cerrado.

Dra. Ana María Polo

217

El papi del barrio 1

Mi querida doctora Polo:

Viendo su programa la otra noche me decidí a escribirle esta carta. Esa noche pasaban el caso de unos boricuas de Nueva York. Uno de los litigantes era un trigueño bien lindo y grande que me hizo recordar a mi novio de aquí del Bronx. Las otras litigantes eran dos tipas bien gatas que se peleaban por el macho, y tuvieron el valor de salir en la televisión y armar tremendo sal pa' fuera delante de todo el mundo. Me divertí mucho viendo el programa. Me hizo recordar mi barrio, mis amigas boricuas, pero por encima de todo me hizo recordar la situación por la que estoy pasando ahora mismo.

Doctora Polo, igual que esas gatas, yo también vivo en el Bronx. Me llamo Valeria, tengo treinta años de edad y soy natural de Loíza, un pueblito del norte de Puerto Rico. Tengo un novio dominicano, barbero. Todo el mundo lo conoce como Wilmer, pero yo le llamo mi Willy Tres Patas. Lo de las tres patas se lo cuento más alante para que comprenda la razón del apodo. A Wilmer lo conocí hace como seis meses en una bodega del barrio. Era un jueves por la noche. Se me habían acabado los gandules, y tuve que salir a comprarlos corriendo para no perderme la novela de las ocho. Salí sin cambiarme de ropa, sin arreglarme, así toda despeinada como una leona. Al llegar a la bodega me di de cuenta que no llevaba brassier. Mis tetas bailaban bajo el traje como dos calabazas, y cogí el paquete de gandules lo más rápido que pude para volver rápido a mi apartamento. Pero cuando fui a pagar, también me di de cuenta que no había cogido mi *wallet*. Me sentí tan mal y tan zángana: tantos bloques que caminé por nada. Pensé que iba a perderme la novela, tan buena que se había puesto la noche anterior. Y en ese momento sentí una voz dura a mis espaldas, una voz de macho: "Tranquila, mamita, que yo te pago tus gandules".

Cuando me viré, doctora Polo, me encontré con un joven trigueño de ojos verdes, como de seis pies de alto, que me sonrió amable y me dio un billete de veinte pesos. "Coge, mamita", me dijo. "No tengas vergüenza, que a cualquiera se le olvida la cartera". Gracias a su amabilidad esa noche pude comprar los gandules. Después de pagar no quiso el cambio. Lo que Willy quería, era que se lo devolviera con una invitación a probar mi comida. Salimos juntos de la bodega y me acompañó de regreso a mi apartamento. Nos conocimos mejor. Le conté que yo era mesera de un restaurante boricua de Manhattan, que era soltera y que vivía con una hermana menor, pero que mi hermana se pasaba más tiempo en Puerto Rico que en Nueva York. Casi siempre estaba sola. Intercambiamos teléfonos. Al despedirnos, Willy me dio un beso tan rico en la mejilla, que esa noche no me lavé la cara para dormir con el sabor de su beso toda la noche.

Doctora Polo, no sé si fueron las ganas que tenía de ser querida por un hombre o el deseo de pasar una noche acompañada. Sólo sé que no me pude aguantar. A la mañana siguiente, el viernes, lo llamé a su celular para invitarlo a comer a mi apartamento. Me dijo que esa noche tenía un compromiso familiar, pero me juró que el sábado en la noche iba a visitarme. Me puse contentísima. Enganché y me miré en el espejo; me di cuenta que necesitaba un arreglo completo. Así que al día siguiente, después de comprar en la bodega todo lo que necesitaba para la comida, me fui para el *beauty* de mi amiga Adriana. Me arreglé el pelo, me pinté las uñas y, siguiendo los consejos de la estilista, me compré un *panty* con el conejito de Playboy.

Esa noche esperé a Willy vestida, perfumada, y con la comida preparada. Hice un lechón asao, arroz con habichuelas, alcapurrias y un majarete que de sólo verlo daban ganar de tragárselo. Willy llegó a las ocho en punto, como había prometido ¡Estaba tan bello! Vestido con una camisa violeta y un pantalón tan apretado que se le marcaba su tremendísima anaconda, su enorme bi... que me mantuvo toda la noche más nerviosa que un mono de palo en palo. Cada vez que me miraba por encima de la mesa, cada vez que sus ojazos verdes se cruzaban con los míos sentía como una punzada en el pecho, y también entre las piernas. Con decirle que no llegamos a probar el majarete, porque de pronto Willy se levantó de la mesa, y sin decir palabra alguna, me cargó y me llevó hasta el cuarto. De un zarpazo me arrancó el vestido, empezó a chuparme los pezones con fuerza, y no sé de qué manera atravesó el *panty* del conejito playboy, porque de repente sentí su enorme anaconda llenando toda mi cho... y empujando con tanta fuerza que sentí que la vida se me escapaba de todas las partes de mi cuerpo. Cuando Willy terminó me quedé como noqueada, como esos boxeadores que caen sin sentido en el ring y no hay campana que los levante. Nunca me habían hecho el amor de esa forma. Nunca me había sentido tan bellaca con un hombre.

Desde entonces, doctora Polo, le puse a Willy el apodo de Tres Patas. Porque eso es lo que tiene entre sus dos piernas. Una tercera pata. Y desde esa noche nos hicimos novios.

Willy me dijo que lo mejor era no apurar las cosas, porque cuando uno le da demasiado fuego al amor sin haber suficiente leña, termina achicharrándose. Era preferible vernos dos o tres veces por semana, cada cual con su vida, y darle tiempo al tiempo. A mí la idea me pareció fantástica. Una de las razones por las que he tenido pocos hombres en mi vida es la maldita costumbre que tienen todos de controlar a sus mujeres. Que si adónde vas. Que si dónde estabas. Que si no te puedes poner ese traje. Que si quién te llamó por teléfono. Que si con quién estás chateando. Mi adorado Willy es todo lo contrario: cada hembra es responsable de lo que hace con su cu.., y si te descubro pegándome los cuernos, allá tú que te pierdes mi sabrosura.

Así fue, doctora Polo, cómo empezamos nuestra relación. Entre semana, mi trabajo como mesera del restaurante me dejaba poco tiempo libre. Así con todo, nos pasábamos todo el día conectados. Willy me mandaba mensajes de texto, frases lindas y románticas como: el sábado te voy a chupar la vida; eres mi bellaca; anoche soñé con tus tetas. Mensajes que me hacían feliz, deseada, y me hacían esperar los fines de semana con ansiedad. Los sábados, yo le preparaba una cena, porque a mi Willy le encanta la comida boricua. Al terminar de comer, nos íbamos para el cuarto, y terminábamos comiéndonos en la cama. Después, Willy me invitaba al cine o a bailar salsa, merengue y bachata en algún club latino. Las noches en que salíamos a bailar, regresaba a casa tan liquidá que me pasaba todo el domingo tirada en la cama con dolores en los pies y en la cintura. Así fue mi relación con Willy durante los primeros tres meses. De lo único que me arrepiento es de no haberle entregado la única parte de mi cuerpo que Willy tanto deseaba. Yo soy una mujer de mente abierta, sin complejos ni ataduras, pero eso de que me den por el cu.., no se lo permito ni al más bi... corto de los hombres. ¡Es que duele tanto! La primera vez que Willy trató de meterme su anaconda por el ano, solté semejante grito que tuvo que sacarla. Me dolió tanto que después cogí un espejito de mano y, en cuatro patas, me miré el cu... Le juro que pensé que me lo había rajado e iba a tener que cosérmelo con puntos. Ese fue el único gusto que jamás pude darle a mi Tres Patas. Pero por lo demás, no tiene de qué quejarse.

Doctora Polo, la felicidad con mi Willy no me duró nada. Resulta que un buen día, salgo de mi trabajo más temprano que de costumbre y decido visitarlo en su barbería. Era el día de su cumpleaños. Como novia ejemplar, le llevaba su bizcocho para que lo compartiera con sus empleados. Pero, ay, doctora Polo, no hice más que poner un pie en la barbería y me brincó encima una prieta que me gritaba ¡"pu.., fresca, tumba maridos"! Me agarró las greñas y empezó a darme una tunda que si no interviene Willy hubiera salido de allí directo pa'l hospital. Yo no entendía el revolú, pero entre gritos y empujones fui cayendo en cuenta de la situación. Resulta que la prieta dominicana era amante de mi Willy desde hacía dos meses, y también estaba allí por el día de su cumpleaños. Después de que lograron sacarla de la barbería, le pedí explicaciones a mi novio. El muy carifresco me confesó que tenía varias "enamoradas", pero que yo era la única dueña de su corazón. Entre lágrimas, recogí mi cartera del piso y cogí el bizcocho y se lo tiré en la cara, y salí de allí para no volver. No pasaron dos horas y ya mi Willy me estaba llamando por teléfono sin parar, mandándome mensajes y pidiéndome perdón. Aguanté sin verlo como tres días, pero al cuarto no pude más y acepté recibirlo en mi apartamento. Hablamos con calma, me pidió perdón, y me dijo que quería casarse conmigo. Eso me emocionó mucho, creo que, de boba, solté una lágrima, pero le dije que necesitaba tiempo para pensarlo. Ya han pasado dos meses y todavía tengo dudas. Yo amo a mi Willy. Me encanta como hombre en la cama, y esa anaconda suya me hace ver las estrellas.

Lo que pasa, doctora Polo, que en lo que el hacha va y viene me enteré de que mi Willy no sólo anduvo con esa prieta dominicana, sino que tiene otras tres mujeres regadas por Nueva York. Por lo menos eso es lo que me han dicho, aunque mi Willy lo niega. A una de ellas, una ecuatoriana con cara de lechuga, la conocí de vista caminando por el barrio. Me dijo mi hermana que la conocía, porque trabajaron juntas en una marketa, que es más put.. que las gallinas. Willy dice que no tiene la culpa, que son las mujeres las que se enamoran de él, pero que una vez que sepan que está casado, dejarán de seguirlo como perras en celo.

Usted, doctora Polo, sabe mucho de estas cosas, y en su programa ha visto situaciones más raras que la mía. Por eso le pido un consejo. ¿Qué me recomienda? ¿Me caso con Willy o lo saco de mi vida? ¿Y si me caso con él, hago un contrato prenupcial? Mi apartamento ya está pago, yo soy la única dueña y tengo miedo de perderlo con un divorcio.

Le mando un abrazo y muchas bendiciones

Valeria Williams

Querida Valeria:

Me encanta que los invitados de mi programa te traigan buenos recuerdos. Especialmente el trigueño de Nueva York, que como me dices, se parece mucho a tu novio del Bronx. ¡Y qué novio el tuyo amiga!

Como todos los del trópico, Wilmer, tu amor dominicano es todo un personaje. Pero éste tiene muchos atributos, especialmente el tamaño del pene y por eso le llamas "Tres Patas". Ya sé que el Bronx es un lugar duro y que la gente tiene una forma peculiar de hablar, pero llamarle "Tres Patas" al amor de tu vida, es lo más vulgar y poco romántico que he oído en mi vida.

Pero cuando se conoce a un hombre en la bodega del barrio después de haber perdido el *wallet* y él te dice "tranquila mamita, yo te pago los gandules" no es precisamente un diálogo amoroso. ¿Mamita? ¿Gandules? Da lo mismo, no vamos a juzgarlo porque al fin y al cabo Wilmer terminó pagándote "galantemente" la cuenta. Y además es también un hombrón de seis pies de alto y ojos verdes. Para comérselo. Y eso fue exactamente lo que hiciste. No la primera noche. Esa noche del primer encuentro él te acompañó a tu casa, habló contigo y te dio un beso en la mejilla.

Te lo comiste en la segunda cita, cuando lo llamaste para invitarlo a cenar a tu casa y tuviste la visión de comprarte un *panty* de Playboy. Eso junto al lechón asado, las alcapurrias y el arroz con habichuelas fue una combinación letal. Willy te cargó, te llevó a la cama, te arrancó el vestido, te chupó los pezones, te quitó el *panty* con el conejito de Playboy y allá va eso… Un pene enorme, un sexo inolvidable, apasionado, que te enloqueció. ¡No en balde no tuvieron tiempo de comerse el Majarete!

Tu famoso "Tres Patas" comenzó un romance intermitente contigo, y digo intermitente porque te dijo que lo mejor no era apurar las cosas, que era preferible verse dos o tres veces por semana, cada cual con su vida. Yo no sé tú, pero eso me parece sospechoso. Es un tipo demasiado "*cool*", demasiado indiferente, como que le da lo mismo lo que haces con tu vida diaria. Y eso de decirte que cada hembra es responsable de su trasero y que si le pagas los cuernos, es tu problema, Mmmm... Aquí hay gato encerrado.

Un hombre puede enviarte miles de textos y mensajes lindos, pero en realidad uno no sabe dónde se encuentra en el momento en que los escribe. Pero a ti no pareció importante. Así que los sábados lo esperabas como cosa buena, cocinándole su comidita y después iban al cine o a bailar. Esa dices que fue tu relación con Willy por tres meses. Esporádica y apasionante. Le dabas todo menos tu trasero, porque hasta ahí no llegabas. No por asuntos morales, sino porque simplemente te dolía mucho.

Te entiendo. También entiendo por qué el día de su cumpleaños todo se desmoronó entre él y tú. Tú lo sorprendiste llevándole un bizcocho para que lo compartiera con sus empleados pero de pronto una prieta dominicana te saltó arriba llamándote toda clase de nombres, desde pu.. hasta tumba maridos. Era el cumpleaños de Willy, pero la sorpresa te la llevaste tú. ¡Y de qué manera!

¿Y qué paso después? Te enteraste que el famoso "Tres Patas" no sólo tenía a la dominicana sino otras tres mujeres por Nueva York. Y Willy por supuesto lo niega y, arrepentido, en un ataque repentino te pidió que te casaras con él.

Me preguntas si te debes casar o alejarte de él. Me da la impresión que Willy sabe que su belleza física y su pene poderoso son armas infalibles para conquistar a la mujer que le venga en gana. Si no te interesa ser para siempre una esposa intermitente, cásate. Pero si lo haces, asegúrate de que tu apartamento que ya lo tienes pago, nunca tenga el nombre de "Tres Patas" o como sea el nombre legal de tu amado, en el contrato.

Buena suerte.

Dra. Ana María Polo

El papi del barrio 2

Doctora Polo:

Me gusta mucho su programa, y nunca me lo pierdo. No soy muy buena escribiendo, pero espero que pueda entender lo que trato de contarle. Cualquier cosa pregúntele a algún dominicano porque entre nosotros nos entendemos. Yo sé que hay mucha gente de mi país que le escribe, así que seguro ya está acostumbrada a nuestro lenguaje. Bien, le cuento que he decidido escribirle esta carta porque mi prometido, Wilmer, me contó que una resbalosa puertorriqueña, una tipa chivirica que está enamorada de mi macho, le escribió a usted unas letras contándole algo que es totalmente mentira. Esa tipa, de nombre Valeria, lleva varios meses tratando de tumbarme a mi negro, pero no lo voy a permitir. Ella piensa que lo mío con Wilmer es cuestión de meses, y desconoce que él y yo tenemos una historia muy vieja que comenzó cuando éramos niños allá en la República.

Doctora Polo, me llamo María Altagracia, pero desde chiquita todo el mundo me dice Tati. Nací y me crie en el barrio de "El Ejido" en Santiago de los Caballeros, lugar en donde conocí a Wilmer. En aquel entonces, cuando yo tenía alrededor de catorce años de edad, yo le lavaba la ropa y le limpiaba la casa a una señora muy buena. Esa señora era la esposa del dueño del supermercado del pueblo, y a veces, a manera de pago, ella me mandaba a ese lugar para que yo llevara los víveres de mi casa. Un día de esos, cuando yo estaba allí de compra, se armó tremendo lío porque habían agarrado a un negrito robándose una pierna de cerdo. Me acuerdo que el niño tenía unos once o doce años y que corría como un chele, porque el guachimán del lugar se pasó varios minutos corriendo tras él antes de poder agarrarlo. Cuando lo agarraron, empezó a llorar mientras decía que en su casa no había comida para la Nochebuena, que su padre estaba enfermo y que su madre no tenía trabajo. A mí me dolió el corazón, me dio tanta lástima que, cuando llegaron los policías, me arrodillé ante el dueño del supermercado, el esposo de la señora pa' la que yo trabajaba, y le supliqué que no se lo llevaran a la cárcel, que lo dejaran libre. Yo no sé si fue porque era la época de Navidad, pero el hombre me hizo caso. Al niño lo soltaron. Yo me lo llevé a cenar a mi casa esa noche, y se quedó con mi familia durante casi dos años.

Ese niño del que hablo, doctora Polo, era Wilmer. En aquel entonces era más flaco que una vara de pescar. El pelo lo tenía todo engrifao, como una tusa de maíz, lleno de piojos; mi madre tuvo que raparle la cabeza y después lavársela con orina y sal pa' que los piojos murieran. Lo que sí tenía hermoso eran sus ojos verdes. En aquellos días con quien Wilmer más se relacionó fue con mis hermanos menores, que tenían su edad; yo me pasaba todo el tiempo ocupada, trabajando, y nada más veía a Wilmer a la hora de la cena o los fines de semana. Para mí era como un hermanito. Y así, al cabo de varios meses, un día llegué a mi casa y me encontré a mi madre llorando porque a Wilmer se lo habían llevado preso por robarle dos pollos a un vendedor del hospedaje.

Doctora Polo, eso me dio mucha lástima, pero lo mejor que le pudo haber pasado a Wilmer fue haber caído preso en la correccional, usted sabe donde meten a los menores. Lo volví a ver varios años después de haber salido de allí. Se había convertido en todo un hombrazo. Había crecido como un tronco de árbol, y a pesar de tener sólo dieciocho años, hablaba con una voz fuerte de hombre que volvía loca a todas las mujeres del barrio. Ahora era barbero, oficio que aprendió cuando estuvo preso, y siempre andaba bien vestido y perfumado a todas horas del día. Allá en Santiago de los Caballeros, caminando una tarde por la calle del Sol, me lo encontré saliendo de una tienda; Wilmer dio un grito, con mucha alegría: ¡Mi negra "Grace"! Me abrazó bien fuerte y me invitó a salir esa misma noche. Terminamos bailando en una disco. Salimos en la madrugada, bastante tragueaos. Wilmer me llevó a su casa, y apenas entramos, nos quitamos la ropa y nos tiramos al suelo a rapar como curises. Imagínese, doctora Polo, que ese Wilmer tiene una maca.. tan larga y dura que cuando me la metió me puse a berrear como una chiva. Claro, después que ya 'tá dentro una le va cogiendo el gusto a su tamaño y se acostumbra, pero al principio, cuando te mete ese cañón sin vaselina parece que te va a llegar hasta el estómago.

Allá en Santiago empezamos a salir de novios. Es verdad que no vivimos juntos nunca como marido y mujer, pero Wilmer todas las noches pasaba por mi casa, donde tenía su comida lista, y se sentaba conmigo a cenar. A Wilmer le encanta la comida dominicana. Sobre todo el sancocho. Se lo come con tanto gusto que al final termina siempre chupándose los dedos. A veces me hacía el amor, a veces estaba muy cansado. Pero de que iba a verme casi a diario, se le aseguro. El problema, doctora Polo, es que Wilmer es un hombre muy guapo, que atrae a las mujeres como moscas a la miel, y no era fácil estar peleándose todos los días con los cueros que iban a visitarlo en la barbería, mujeres aceleradas que tuve que frenar en varias ocasiones. Con la que nunca pude competir fue con una ecuatoriana que conoció Wilmer por intermedio de un amigo. En menos de dos meses, esa mujer lo sonsacó con regalos, lo llevó de vacaciones para Punta Cana y, al regresar, terminó de robármelo de los brazos casándose con él y llevándoselo a Nueva York. Sentí mucha tristeza. En primer lugar porque yo estaba muy enamorada de Wilmer; en segundo lugar, porque esa tipa es un avión: dicen que es tan pu.. que tiene una lista de exmaridos tan larga como un rollo de papel de inodoro.

Después de eso pasaron varios años. Yo perdí la esperanza de volver a ver a mi Wilmer. Me casé con un hombre borrachín y mal tallado, amigo de mis hermanos. Era bueno, trabajador, y por eso lo soporté como seis años. Pero ese matrimonio terminó muy mal cuando el tipo se aceleró una noche y tuvo el descaro de levantarme la mano. A punto estuve de tirarle por la cabeza la paila de sancocho hirviendo. Me detuve, pensando en los años que iba a pasar encerrada en la cárcel; entonces levanté el teléfono y dejé que mis hermanos se encargaran del asunto. Al separarme de ese imbécil, conocí a un moreno chulo que vivía entre Nueva York y Santo Domingo, una especie de representante de chicas para espectáculos. Se llamaba Teófilo, tenía residencia estadounidense, y me ofreció trabajo para bailar en un *nightclub* del Bronx. Me dijo que las negras bien negras con mi cuerpo eran muy solicitadas en ese ambiente. Yo me tragué todo el cuento, doctora Polo, y agarré lo poco que tenía y me monté en un avión para Nueva York, usando los papeles de otra mujer. Pero lo que hizo ese inservible hijo de la gran pu.. fue trancarme en un apartamento viejo, lleno de chinches, y ponerme a vender mi cuerpo. Gracias a Diosito que yo llevaba conmigo varios números de teléfono de gente de Santiago que se había ido a Nueva York; a la tercera o cuarta llamada que hice logré encontrar a mi adorado

Wilmer. Una buena mañana, se abrió la puerta de mi cuarto y apareció Wilmer. Me dijo, agarra tus cosas, negra, que te vas conmigo. Él me rescató de ese prostíbulo apestoso y me rentó un pequeño apartamento. No es muy cómodo ni moderno, pero al menos es mío.

Ahora estoy trabajando en casa de unos señores mayores, amigos de Wilmer, y todo marcha bien gracias a él. Yo sé que Wilmer tiene relaciones con su ex, la ecuatoriana que me lo robó de Santiago, y la otra boricua que anda tras él como perra en celo, pero eso a mí no me da ni fu ni fa. ¿Y sabe por qué, doctora Polo? Porque no importa a dónde Wilmer vaya, no importa a qué hora se aparezca, siempre regresa a mi pequeño apartamento para comer mi sabrosa comida y mi sabroso cuerpo santiaguero, y amanece junto a esta negra que tanto lo quiere y tanto le debe. Esas tipas deberían saber que, como dicen en mi pueblo, el que siembra en tierra ajena, pierde el fruto y la semilla. Ellas no tienen ni idea de que a Wilmer y a mí nos une algo que nunca tendrán ellas: que somos del mismo pueblo, que nos criamos juntos. Y lo principal: que llevo en mi panza un negrito sangre de su sangre. Wilmer no lo sabe todavía, y quiero esperar un poco más pa' darle la sorpresa. Pero con eso, ¿qué mujer puede ganarme?

Le mando un abrazo y bendiciones.

María Altagracia

Queridísima Tati:

Así que tú también eres novia de Wilmer. Sí, ya sé, el guapo dominicano de ojos verdes y pene grande. Y tu querido novio te cuenta que una resbalosa puertorriqueña me escribió contándome que estaba enamorada de tu "macho" y que todo es una gran mentira.

Sí, recibí la carta de una chica puertorriqueña llamada Valeria, novia de tu novio y amante de tu amante, pero eso a ti no debería importante. Todo el mundo puede escribirme y francamente ese no es tu problema. Tu problema es el noviecito ese que tienes. Dices que tienes una historia larga con él, que comenzó cuando eran niños en República Dominicana. Me parece muy bien, pero desde entonces, me da la impresión que tu querido Wilmer tiene un *hobby* que tú ignorabas; coleccionar novias de diferentes países, razas, y clases sociales. Mi opinión es que él se equivocó de profesión, en vez de barbero, debería trabajar en las Naciones Unidas. Por eso de la diversidad.

La historia que me cuentas de cómo conociste a Wilmer es muy significativa. Dices que cuando era niño se robó una pierna de cerdo y cuando lo agarraron comenzó a llorar y dijo que en su casa no había nada de comer para la Nochebuena. Muy conmovedor. A tu familia le dio lástima y lo invitaron a cenar, y el muy vivo se quedó viviendo con tu familia por dos años. Es significativo porque desde chiquito se las "busca" para sobrevivir. Y tú lo viste en aquella época como un hermanito de bellos ojos verdes. Sin embargo, un día encontraste a tu madre llorando porque a Wilmer se lo llevaron preso por robarle dos pollos a un vendedor. Parece que Wilmer tiene un problema con la comida. Y no es precisamente anorexia porque come muy bien. Su problema es que le gusta comer de gratis, como hemos probado después de otras cartas referentes a él.

Cuando lo volviste a ver ya había crecido, tenía dieciocho años y volvía loca a las mujeres del barrio. Ya era barbero, un oficio que aprendió cuando estuvo preso. Pero aparte de cortar pelo, Wilmer aprendió a vestirse bien y a perfumarse. Y cuando lo viste terminaste haciendo sexo con él y celebrando su "maca.. tan larga y tan dura". Déjame decirte que cada vez que hablas estoy segura que Cervantes está dando vueltas en su tumba como un loco. Me gustaría explicarte quién es Cervantes, pero ahora no tengo tiempo. Sigamos con tu querido barbero. Me dices que a Wilmer le encanta la comida dominicana, es gracioso porque la puertorriqueña me escribió que a él le gustaba la comida puertorriqueña. Definitivamente tu novio tiene muy buen apetito. Y sabores diversos.

¿Tú piensas que eres la única? Hablas de la puertorriqueña y ahora me dices que una ecuatoriana se lo llevó de vacaciones para Punta Cana y terminó casándose con él. Siempre culpas a las mujeres, pero nunca a tu novio. Ellas son las malas, pero él una pobre víctima de las brujas que lo desean.

Después del desencanto que sufriste cuando Wilmer se casó, decidiste hacer lo mismo y te casaste con un borracho que te pegó y al cual por poco le tiras una cazuela hirviendo por la cabeza. Dices que sólo soportaste ese matrimonio por seis años. Acto seguido conociste a Teófilo (tremendo nombrecito) quien tenía residencia de este país y te ofreció trabajo para bailar en un *nightclub* diciéndote que las negras bien negras eran muy solicitadas en el Bronx. Así que tú te montaste en un avión y te fuiste a New York ilegalmente, usando los papeles de otra mujer.

¿Y todo para qué? Para que el tal Teófilo te encerrara en un apartamento mugroso y ponerte a vender tu cuerpo. Pero se te ocurrió una idea fantástica. Entre venta y venta de tu cuerpo te acordaste que tenías el teléfono de Wilmer y lo llamaste. Le explicaste tu terrible situación y un buen día se apareció en tu departamento mugroso y te sacó de ahí, llevándote a casa de unos amigos donde ahora vives.

Ahora, a sabiendas que tiene relaciones con su ecuatoriana y con la boricua y con quién más sabrá Dios, tú sigues ahí. Recogiendo las sobras que él te da, pensando que a pesar de todas las mujeres, él siempre regresa a ti, no sólo por el sexo sino para comerse tu exquisita comida. En la película que te inventaste en la cabeza, tú eres la preferida. La más amada. La que tiene la historia más larga. Y para probarlo, ahora estás embarazada con un hijo suyo. Felicidades, nadie podría ganarte en un certamen de estupidez.

No veo que me pidas ningún consejo definitivo, sólo me dices que Wilmer todavía no sabe lo de tu embarazo y que ahora que llevas a su hijo en tu panza, no habrá mujer que pueda ganarte. ¡Bravo!

Mi querida Altagracia, te tengo una noticia, TODAS las otras mujeres de Wilmer ya te ganaron, porque ninguna le ha parido un hijo y todavía tienen la oportunidad de salir de ese chulo vividor de mujeres. Pero ahora tú te encerraste para siempre. Ahora de por vida tendrás que saber cómo vive, con quién se acuesta, qué hace ese hombre. Ahora ya eres su esclava y estás atada a él por siempre.

No te asombres si cuando le digas a tu barbero que estás esperando un hijo de él, te pida que te hagas un aborto o salga para siempre de tu vida. Es posible.

Y esa sería tu única salvación.

Suerte

Dra. Ana María Polo

El papi del barrio 3

Estimada doctora (o jueza o lo que sea) Ana María Polo:

Me tomo la molestia de robarle unos minutos a mi tiempo para escribirle esta carta. No es para regalarle elogios ni pedirle consejos. Me imagino que a estas alturas de su carrera debe estar aburrida de recibir aplausos y aclamaciones por todas partes, y de repartir más consejos que un pastor evangelista de quinta. Le escribo por una sencilla razón. Anoche me enteré que dos negras chismosas le escribieron para hablar de mi relación con mi marido, Wilmer Velasco. Como estoy segura de que ese par de brutas no sabe expresarse correctamente y de que deben haberse inventado la mayoría de las cosas que escribieron, aquí tiene mi versión de los hechos, tal como ocurrieron entre mi querido Wilmer y esta que cuenta, su servidora.

Mi nombre es María Fernanda Velasco, nacida y criada en una familia de raíces aristocráticas y grandes intelectuales de Guayaquil. Soy residente de Nueva York. Me gradué de contabilidad y finanzas de la Universidad Católica e hice una maestría en Boston. Si aparezco en esta historia de chismes baratos y mujeres de barrio es por un gesto de amor y caridad que tuve con el dueño de mi corazón. Hace exactamente seis años, en una visita de trabajo a República Dominicana, un grupo de amigos visitamos Santiago de los Caballeros como parte del itinerario. Una noche, en una discoteca, me presentaron a un mulato alto, de ojos claros y voz de locutor de radio. A pesar de su vestimenta vulgar, de sus ademanes toscos, aquel hombre joven tenía un encanto especial para seducir a las mujeres. No sé si era su mirada hipnotizadora. No sé si era la forma de bailar bachata y merengue, tan sensual y descarada a la vez. Pero de lo que sí estoy segura es que nunca antes en mi vida un hombre me hizo sentir tantas ganas de acostarme con él y entregarle mi cuerpo como una esclava se entrega a su dueño. Me dejé llevar por la marea de su encanto varonil, y a partir de esa noche, pasé el resto de mis días en República Dominicana acompañada de Wilmer Velasco. Fueron noches increíbles. No es mi costumbre ventilar en público asuntos privados, pero si le parece extraño que una mujer de mi clase termine enredada con un simple barbero de barrio, le puedo confesar sin rubor que, aparte de ser amable y cariñoso, Wilmer es un amante extraordinario. Su miembro viril no es muy común. De ese detalle me di cuenta desde la primera noche que me lo introdujo en la vagina, causándome un vértigo inaudito, un dolor mezclado con placer que no sabía que existía. Además, sabe maniobrarlo con sutileza, usando movimientos circulares, haciendo pausas, acelerando de repente, y cuando menos te lo imaginas, te levanta por las caderas y quedas en el aire, sentada sobre su miembro, con el cuerpo arqueado hacia atrás y sus manos apretando tus glúteos. O a veces te voltea todo el cuerpo, y quedas de espaldas, con las piernas abiertas y la cabeza mordiendo la almohada, recibiendo su pene con martillazos de placer. La verdad es que me incomoda hablar de este asunto privado, así que seguiré adelante.

De Santiago de los Caballeros nos fuimos a Punta Cana, en donde me propuso matrimonio. Fíjese si ese hombre me ama tanto que me pidió llevar mi apellido de soltera en vez de que yo llevara el suyo. Es algo fuera de lo común. Por ese motivo, yo no le llamo por ninguno de los apodos que usan esas zo...., sino por su nombre y apellido verdadero, como aparece en sus documentos de identidad desde que pisó suelo estadounidense: Wilmer Velasco. Cuando llegamos a Nueva York nos fuimos a vivir a mi penthouse. Allí pasamos los primeros meses, viviendo felices, compartiendo nuestro amor. Cada mañana yo me levantaba, preparaba el desayuno para ambos y me marchaba a Manhattan, a trabajar a la empresa en la que presto mis talentos y mis servicios desde hace diez años. Mi sueño era que Wilmer aprendiera el idioma inglés lo más pronto posible y después matricularlo en algún curso de informática o computadoras. Con ese objetivo, contraté a una profesora de inglés de raíces dominicanas. Era una señora mayor, como de cincuenta años, madre de familia, de excelente educación y con excelentes recomendaciones. La maestra, sin embargo, duró solamente dos semanas impartiéndole clases privadas a mi marido, porque una tarde llegué de sorpresa y la sorprendí de rodillas en el suelo, practicándole sexo oral a Wilmer Velasco con un hambre extraordinario. Sufrí una vergüenza inolvidable. Aquella mujer tan decente, tan recta y educada, había quedado desarmada ante el encanto de él. Tuve que echarla, pero a Wilmer no lo culpé en absoluto. No es fácil ser un hombre tan cautivador.

Doctora Polo, usted no se imagina los grandes esfuerzos que hice para que Wilmer Velasco tomara el buen camino y dejara atrás la vida vulgar que tenía en República Dominicana. Después de dos profesores más, abandoné la esperanza de que mi marido aprendiera el idioma inglés. Supongo que hay personas que nacen para dirigir empresas y otras para cortar cabellos. El amor que sentía por Wilmer, la idea de mantenerlo a mi lado a toda costa, me hizo aceptar la idea de comprarle un local para que montara su barbería.

Escogimos un lugar bastante céntrico del Bronx, en un barrio donde malviven muchos latinoamericanos, en especial dominicanos y puertorriqueños. En realidad fue Wilmer el que escogió el lugar, y estuvo en lo correcto porque desde el primer día estableció una clientela que fue aumentando con el tiempo. Actualmente cuenta con tres barberos, más una peluquera, porque sus manos no le bastan para cortar tanto pelo alambrado. Y como era de suponer, doctora Polo, la bendición y prosperidad de su negocio se convirtió en el calvario de mi matrimonio.

Desde el inicio me opuse a la llegada de una peluquera a esa barbería. Pero con el paso del tiempo, fui cediendo a la idea de Wilmer. Un buen día, pasé por allá y descubrí un enjambre de mulatas y negras mal habladas esperando turno, mientras coqueteaban con mi marido. Wilmer me prometió y me juró que nunca volvería a seducir a otra mujer, pero que es algo que no está en él, que las mujeres lo incitan, lo provocan a demostrar su hombría. Ese día, allí parada esperando por él, mirando cómo chismoseaban esas perras, cómo me miraban de lado y cómo miraban sin disimulo la bragueta del pantalón de mi marido, en ese momento me di cuenta que había perdido a Wilmer Velasco. No fue sino hasta dos semanas más tarde que descubrí su primer resbalón. Había llegado tarde en la madrugada, con el cuerpo impregnado de perfume barato de mujer. A la tarde siguiente, lo vigilé a la salida de la barbería, oculta en la esquina, y entonces lo vi salir junto a una mulata de senos enormes, con cara de zo.... Los seguí por varios bloques. Iban conversando muy animados; ella tomada del brazo de mi marido. Sentí una vergüenza profunda. No podía comprender cómo Wilmer podía pasearse por todo el Bronx con una mujer tan vulgar, con una mulata tan mal vestida. Continué siguiéndolos hasta que desaparecieron en la entrada de una discoteca mal iluminada, de paredes pintadas de rojo. Una de esas discotecas de gente baja, que parecen más chongos que lugares para bailar. Sin perder mi compostura, a pesar de lo triste que me sentía, di media vuelta y regresé a mi *penthouse* para esperar al adúltero de mi marido.

Wilmer Velasco llegó como a las tres de la madrugada. Lo esperé despierta, sentada en la mesa del comedor. Le expliqué que yo comprendía perfectamente su situación. No era fácil tener un cuerpo tan atractivo y una personalidad tan seductora. No es fácil tampoco llegar a un país extraño, casado con una mujer diez años mayor, y verse tentado por las mismas mujeres vulgares con las que convivió toda su vida. Todo eso yo lo comprendo. Pero me causa mucha tristeza y dolor verlo con otras mujeres, porque si de algo estoy segura es que no tengo el corazón de hierro. Le dije: si quieres vivir solo durante un tiempo para que te quites las ganas de acostarte con todas las negras y mulatas del mundo, te voy a dar ese tiempo. Eso no lo hace cualquier mujer. Mucho menos una mujer de mi clase. Pero esa es la realidad. Wilmer y yo estamos separados porque decidimos, de mutuo acuerdo, que él necesitaba un tiempo libre para curarse de su enfermedad por las mujeres. Lo que todas ellas desconocen, pobres incultas y vulgares, es que esta señora que le escribe es la dueña del corazón y de la barbería de mi marido, el señor Wilmer Velasco.

Atentamente,

María Fernanda Velasco

Querida Aristócrata,

Como no tienes ninguna consulta que hacer, sólo me queda decirte que en este arroz con mango, tú, tu marido y sus amantes son tal para cual. ¡Gocen en la barbería que yo me voy con mi música a otra parte!

Como dice el dicho, "no son todos los que están, ni están todos los que son" ¡y ustedes están locos pa'l cara...!

Cuídense.

Caso Cerrado,

Dra. Ana María Polo

Para que no te pase a ti: Recursos legales

Para que no te pase a ti: Recursos legales

Los problemas que he compartido contigo en este libro, si bien ocurren más de lo que una pensaría, no son la norma. Pero lo que sí tienen en común con los problemas que todos enfrentamos a diario es que son situaciones en las que la información correcta, comunicada a tiempo, puede hacer la diferencia. Tristemente, muchas personas se sumergen tanto en las situaciones que atraviesan que no se percatan de toda la ayuda que tienen a su alcance para mejorar su vida y la de sus familiares.

Por eso, a continuación te ofrezco algunos recursos a los que puedes acceder, en primera instancia, a través de la Internet y desde la privacidad de tu hogar.

No se trata de una lista exhaustiva ni mucho menos, pero creo que si algunas de las personas que escribieron las cartas que componen este libro hubiera sabido que existían, no habrían llegado a las situaciones tan intolerables que acabas de leer.

Así que, como siempre, con el deseo de ayudar a través de mi conocimiento de la ley y la naturaleza humana, aquí tienes estos recursos legales… para que no te pase a ti.

ABUSO SEXUAL

El Sitio Web Público Nacional de Delincuentes Sexuales Dru Sjodin (NSOPW), coordinado por el Departamento de Justicia de los Estados Unidos, es un esfuerzo conjunto entre las agencias jurisdiccionales que patrocinan registros públicos de delincuentes sexuales y el gobierno federal. Este sitio web es una herramienta de búsqueda que le permite a un usuario hacer una consulta sencilla a nivel nacional para obtener información sobre delincuentes sexuales a través de una serie de opciones de búsqueda:

- Por nombre

- Por Jurisdicción

- Por código postal

- Por condado (si la Jurisdicción lo proporciona)

- Por ciudad/pueblo (si la Jurisdicción lo proporciona)

- A nivel nacional

El criterio de búsqueda se limita a lo que cada jurisdicción individual pueda proporcionar. Además, debido a que cada Jurisdicción, y no el gobierno federal, patrocina la información, el usuario debe verificar los resultados de la búsqueda en la Jurisdicción donde se presentó la información. Para obtener más información y/u orientación, se les recomienda a los usuarios visitar los sitios web de la Jurisdicción correspondiente, según sea necesario.

Fuente: El Sitio Web Público Nacional de Delincuentes Sexuales Dru Sjodin (NSOPW)

http://www.nsopw.gov/eS-US

1-800-656-HOPE(4673), Opción #2

ADICCIÓN AL SEXO

Contesta estas doce preguntas para determinar si tienes un posible problema con la dependencia sexual.

• ¿Guardas secretos sobre tus actividades sexuales o románticas? ¿Mantienes una vida doble?

• ¿Tus necesidades te han orillado a tener sexo en sitios o en situaciones o con gente con las que normalmente no te involucrarías?

• ¿Te sorprendes a ti mismo buscando artículos o escenas sexualmente excitantes en periódicos, revistas u otros medios de comunicación?

• ¿Te has dado cuenta de que tus fantasías románticas o sexuales causan problemas en tus relaciones o que te prohíben dar cara a tus problemas?

• ¿Frecuentemente quieres alejarte inmediatamente de una pareja sexual después de tener sexo?

• ¿Frecuentemente sientes remordimiento, vergüenza o culpabilidad después de un encuentro sexual?

• ¿Sientes vergüenza de tu cuerpo o de tu sexualidad, de tal manera que evitas tocarte el cuerpo o participar en relaciones sexuales?

• ¿Temes no tener sentimientos sexuales?

• ¿Temes ser asexual?

• Cada nueva relación, ¿continúas teniendo los mismos patrones destructivos que te incitaron a romper con la última?

• Tus actividades sexuales y románticas, ¿necesitan cada vez mayor variedad y frecuencia sólo para sentir los mismos niveles de excitación y alivio?

• ¿Te han arrestado alguna vez, o hay peligro de arresto, debido a tus prácticas de voyeurismo, exhibicionismo, prostitución, sexo con menores de edad, llamadas telefónicas obscenas, etc.?

• Tu perseguimiento de relaciones sexuales o románticas, ¿contradice o interfiere con tus creencias o desarrollo espirituales?

• Tus actividades sexuales, ¿incluyen riesgos, amenazas, o la realidad de enfermedades, embarazo, coacción o violencia?

• Tu comportamiento sexual o romántico, ¿te ha dejado alguna vez con el sentimiento de una falta total de esperanza, enajenación, o con ganas de suicidarte?

Si contestaste con un «sí» más de una de estas preguntas, te animamos a buscar literatura adicional como recurso, o a asistir a una reunión de los Sexo Adictos Anónimos para mejor evaluar tus necesidades.

Fuente: Sexo Adictos Anónimos

https://saa-recovery.org/espanol/

1-713-869-4902
1-800-477-8191 EE.UU. y Canadá

ASISTENCIA LEGAL

Si usted necesita un abogado que lo asesore o represente, pregunte a sus amigos y familiares si conocen a alguien que puedan recomendarle. También puede consultar el Servicio de Referencia (en inglés) de la Asociación Americana de Abogados o buscar esa información en su directorio telefónico local bajo el nombre Lawyer Referral Service.

También puede encontrar ayuda en español para asuntos legales de índole general en sitios Web como LawInfo y Centro Legal Hispano. La Asociación Americana de Abogados de Inmigración ofrece un buscador para encontrar un abogado.

Fuente: Directorio de centros de ayuda Legal gratis (probono) por estado:

http://apps.americanbar.org/legalservices/probono/directory.html

Consejos para escoger un abogado

Muchos abogados que principalmente prestan servicios a individuos y familias tienen experiencia en una amplia gama de servicios legales de demanda frecuente como divorcios y asuntos familiares, testamentos y legalizaciones, bancarrotas y problemas de deudas, bienes raíces, delitos y/o daños personales. Algunos tienen una especialización específica. Asegúrese de que el abogado que está considerando contratar tenga experiencia en el área que usted necesita.

Una vez que haya seleccionado algunos candidatos:

• Llame por teléfono a cada abogado, expóngale su problema legal y cerciórese de que él o ella pueda encargarse de su situación.

• Averigüe si debe pagar por una consulta inicial.

• Solicite un estimado de lo que usualmente cobra por ocuparse de un caso como el suyo.

• Pregunte si los honorarios son por horas de servicio o si su abogado aceptaría un honorario de contingencia, es decir un porcentaje de lo que usted obtenga en el juicio.

La consulta inicial es una oportunidad para que usted y el abogado se conozcan. Después de escuchar la descripción de su caso, el abogado podrá darle una idea general de sus derechos y responsabilidades, así como de las alternativas de acción. Durante la consulta inicial el abogado puede explicarle qué puede hacer por usted y cuánto le costará. No vacile en preguntarle su experiencia en conducir casos como el suyo. Tampoco titubee en averiguar los honorarios y los probables resultados. Si está pensando concertar una consulta inicial y contratar al abogado, solicite un convenio de pago por escrito.

¿Qué hacer si no puede costear un abogado?

Si usted no puede costearse un abogado, podría reunir los requisitos para recibir asesoría legal gratuita de la Corporación de Servicios Legales (en inglés) o la Asociación Nacional de Abogados de Ayuda Legal (en inglés). Generalmente, estas oficinas ofrecen asesoría legal sobre asuntos referentes a: relaciones entre propietarios e inquilinos, créditos, servicios públicos, asuntos de familia (por ejemplo, divorcio y adopción), ejecución hipotecaria, fraudes sobre el valor acumulado de una propiedad, seguro social, asistencia social, desempleo e indemnizaciones a trabajadores. Si la oficina de Asistencia Legal de su área no se encarga de casos como el suyo, ahí mismo podrían recomendarle otras organizaciones nacionales, estatales o locales que estén en capacidad de brindarle la ayuda necesaria. También puede encontrar servicios legales en http://espanol.lawhelp.org/ y http://www.freeadvice.com/ (en inglés).

Para localizar la oficina de la Corporación de Servicios Legales más cercana a usted, busque en el directorio telefónico local, o comuníquese con:

Corporación de Servicios Legales

www.lsc.gov (en inglés)

Para ubicar la oficina de la Asociación Nacional de Abogados de Ayuda Legal más cercana, busque en el directorio telefónico local, o comuníquese con:

Asociación Nacional de Abogados de Ayuda Legal

http://www.nlada100years.org/

También puede encontrar ayuda legal gratis disponible en algún programa de una facultad de derecho, supervisado por un abogado. Algunos de estos programas están abiertos al público. Otros limitan sus servicios a grupos específicos como personas de la tercera edad o personas de bajos ingresos. Infórmese en la facultad de derecho de su área sobre la disponibilidad de tales programas.

CUSTODIA

Los servicios ofrecidos por las oficinas estatales de CSE (The Office of Child Support Enforcement) se encargan de:

• Localizar al padre o madre sin la custodia del menor

• Determinar la paternidad

• Establecer y hacer cumplir la orden de sustento

• Modificar órdenes de sustento cuando son inapropiadas

• Cobrar y distribuir los pagos correspondientes al sustento del menor

Mientras que los programas varían de un estado a otro, sus servicios están disponibles para todos los padres y madres que los necesiten.

Fuente: Sitio de la Administración Federal para Asuntos de Niños y Familias.

http://www.acf.hhs.gov/

Descarga la Guía para el Cumplimiento del Sustento de Menores aquí:

http://www.acf.hhs.gov/programs/css/resource/nuestros-hijos-nuestra-responsibilidad

Ya que las oficinas del Cumplimiento del Sustento de Menores están regidas por los estados. Como muestra, aquí tienen los números de teléfono de las oficinas de aquellos estados con la mayor cantidad de residentes hispanos.

Florida: 1-800-622-5437, Opción #7

Nueva York: 1-888-208-4485, Opción #2

Texas: 1-800-252-8014, Opción #2

California: 1-866-249-0773, Opción #1

Illinois: 1-800-447-4278, Opción #2

DIVORCIO

La petición de divorcio/disolución es un documento legal que un cónyuge quien desea el divorcio envía a la corte. También llamada "demanda" en algunos estados, la petición informa a la corte el deseo del cónyuge (llamado "solicitante" o "demandante") de finalizar su matrimonio.

Enviar estos documentos a la corte significa el inicio del proceso de divorcio. Una vez que la petición de divorcio/disolución le ha sido "entregada" al cónyuge del solicitante, se le notifica que el proceso de divorcio ha comenzado (más información sobre la entrega a continuación).

Contenido de la petición de divorcio/disolución: información y requisitos

Aunque los requisitos y formatos varían de estado a estado, la petición de divorcio/disolución típicamente contiene la siguiente información:

• Identificación de los cónyuges por nombre y dirección;

• Fecha y lugar del matrimonio;

• Identificación de los hijos producto del matrimonio;

• Prueba de que el solicitante y/o su cónyuge ha vivido en el estado o condado por cierto periodo previo al envío de la petición;

• Fundamentos para el divorcio;

• Declaración o información sobre cómo le gustaría al solicitante establecer las finanzas, la división de bienes, la custodia de los hijos menores, las visitas, y otros asuntos relacionados con el divorcio.

Fuente: Información en español sobre la ley de divorcio en Estados Unidos:

http://espanol.findlaw.com/ley-de-familia/proceso-de-divorcio-solicitud-y-entrega-de-la-peticion-de.html

HERENCIA (ASUNTOS DE)

Reglas para tener en cuenta al redactar un testamento:

• En la mayoría de los estados en Estados Unidos, hay que tener 18 años de edad o más.

• Para ser válido, un testamento debe ser redactado en sano juicio y plena facultad mental.

• El documento debe declarar con claridad que es su testamento.

• Debe establecer un albacea que haga cumplir su testamento y se asegure de que su herencia sea distribuida de acuerdo a sus deseos.

• No es necesario legalizar ni inscribir su testamento, pero hacerlo podría protegerlo contra demandas sobre su validez. Para que sea válido usted debe firmar el testamento en presencia de al menos dos testigos.

Fuente: Centro Federal de Información para el Público – Testamentos y Funerales

http://www.usa.gov/gobiernousa/Temas/Consumidor/Guia/testamentos-funerales.shtml

1-800-FED-INFO
(1-800-333-4636), Opción #2

VIOLENCIA DOMÉSTICA

Contesta estas preguntas para determinar si eres víctima de violencia doméstica.

¿ESTOY SIENDO VÍCTIMA DE ABUSO?

¿Qué tal va tu relación?

¿Acaso tu pareja…

- te avergüenza rebajándote o menospreciándote?
- te mira o actúa de forma que te asusta?
- controla lo que haces, a quién ves, con quién hablas o a dónde vas?
- no te deja ver a tus amigos o familiares?
- toma tu dinero o cheque del seguro social, te hace pedir dinero o se rehúsa a darte dinero?
- toma todas las decisiones?
- te dice que eres un mal padre o madre de familia o te amenaza con quitarte o lastimar a tus hijos?
- te impide que trabajes o que vayas a la escuela?
- actúa como si el abuso no fuese la gran cosa, como si fuese tu culpa, o incluso niega que exista?
- destruye tus cosas o amenaza con matar a tus mascotas?
- te intimida con pistolas, cuchillos o cualquier otra arma?
- te empuja, abofetea, asfixia o te pega?
- te obliga a retirar los cargos hechos en su contra?
- te amenaza con cometer suicidio?
- te amenaza con matarte?

Si contestaste afirmativo aunque sea a una de estas preguntas, quizás estés en una relación abusiva. Para obtener apoyo y más información, por favor llama a la Línea Nacional Sobre Violencia Doméstica al 1-800-799-SAFE (7233) o al TTY 1-800-787-3224 (para personas con problemas auditivos).

Fuente: Línea Nacional Sobre Violencia Doméstica

La nueva página web es: http://espanol.thehotline.org/

1-800-799-SAFE(7233), solicite ayuda en español y la operadora conseguirá un intérprete para poder comunicarse con usted.

Hay muchísimos recursos más al alcance de tus dedos y en español. Sólo tienes que tener acceso a una computadora con Internet o a una biblioteca pública.

Te deseo la mejor de las suertes.

Dra. Ana María Polo

SOBRE LA AUTORA

La Dra. Ana María Polo nació en La Habana, Cuba, y emigró junto a sus padres a Miami, Florida, en 1961. Estudió en la Universidad Internacional de la Florida donde recibió la licenciatura en Ciencias Políticas; luego estudió y recibió el título en Derecho de la Universidad de Miami. Ya como abogada, practicó en el área de Derecho de Familia y está autorizada por el Colegio de Abogados para ejercer en el estado de la Florida.

En 2001 debutó como conductora en el programa diurno de televisión *Sala de parejas*, donde fungía como árbitro o mediadora entre parejas que exponían diversos casos de la vida cotidiana. En 2005 el nombre del programa cambió a *Caso cerrado con la Dra. Ana María Polo*, y el formato se modificó de acuerdo con la cantidad de casos. Además, se incluyeron nuevas secciones en el programa en los cuales la Dra. Polo educa a la audiencia sobre una gran variedad de temas relacionados con el Derecho. En este nuevo formato la Dra. Polo muestra sus dotes artísticos al componer e interpretar el tema principal del programa.

Por su trabajo mediático televisivo, la Dra. Polo ha sido galardonada con el Premio Inte en 2004, el Premio ACE en 2003 y 2004, el Premio Torch Award de la Universidad Internacional de la Florida (FIU), el Premio Hispanic Business Salute en 2006, el Premio The Hispanic Alliance "Nuestro Pueblo" Award en Atlantic City, y el Premio Paoli de Puerto Rico en 2006.

Sin duda alguna, su proyección desde la televisión le ha posibilitado hacer uso de su gran aceptación entre millones de personas para impulsar causas y llevar mensajes de beneficio social. Como sobreviviente de cáncer de seno, continúa dando apoyo incondicional a la Fundación Susan G. Komen en diversos eventos de la institución, tales como su madrinazgo en las carreras por la Cura del Cáncer de Seno en Puerto Rico desde el 2005. Apoya además al Hospital St. Jude Cancer Research Center para niños.

La Dra. Polo vive con pasión y entrega la carrera que eligió para servir. Esa pasión que muestra cada día a través de la pantalla cuando su público la elige para encontrar una mejor manera de resolver sus problemas, y que ella traduce en esperanza para que nunca olviden que siempre hay una mejor manera de vivir.